AF378567

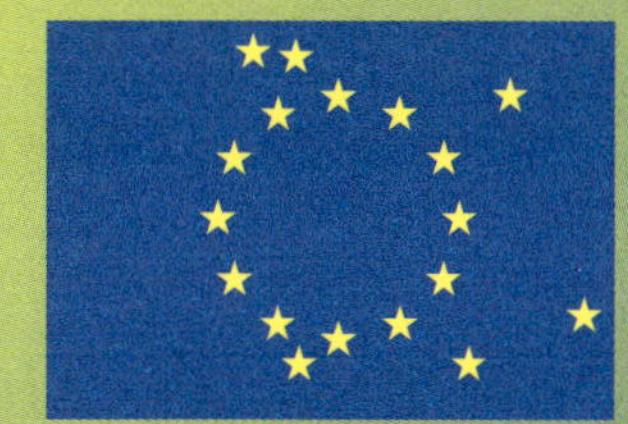

OPONTHOUD DELAY

kunstenaars op de grens van het oude en nieuwe Europa
artists on the border between old and new Europe

Wilma Sütö
Lex ter Braak
Michaël Zeeman

MUSEUM BOIJMANS VAN BEUNINGEN, ROTTERDAM
NAi uitgevers publishers, Rotterdam

<u>**VOORWOORD**</u>

Met de recente uitbreiding van de Europese Unie verkent Museum Boijmans Van Beuningen het nieuwe grensgebied in de kunst. 'Oponthoud' brengt negen kunstenaars uit het Westen en het voormalige Oostblok bijeen. Hun werk onthaalt het publiek in een krachtenveld halverwege het oude en nieuwe Europa. Verstedelijking en verkeerstoename suggereren hier een doelgerichte beweging: het verleden voorbij, de toekomst tegemoet. 'Oponthoud' laat echter ook het wringen zien van tegenstrijdige processen. Beelden van bebouwing en mobiliteit, maar eveneens van ontheemding en stagnatie, belichten de dynamiek in het Westen en in het oude Oostblok.

Aldus positioneert conservator Wilma Sütö de tentoonstelling 'Oponthoud' in deze publicatie. 'De actuele kunst brengt actuele thema's naar voren, los van politieke veralgemeniseringen', schrijft zij in haar inleiding. De door haar geselecteerde kunstenaars, van wie sommigen de val van het communisme persoonlijk hebben ondervonden, transformeren hun eigen ervaringen. Maar: 'Het specifieke van die ervaringen wordt omgezet in beelden met een veelzijdige betekenis: een mengeling van analytisch en suggestief vermogen, die ons iets duidelijk maakt over de tijd waarin wij leven.'

Als conservator van de Stadscollectie Rotterdam, sinds 1987 een zelfstandig onderdeel van Museum Boijmans Van Beuningen, plaatst Sütö beelden en denkbeelden van kunstenaars uit Rotterdam in een geëigend mondiaal perspectief, via tentoonstellingen en publicaties die een wisselwerking aangaan met de internationale museumcollectie en bruiklenen uit alle windstreken. Want de verbeelding is onafhankelijk van geografische begrenzingen: niet het isolement van Rotterdammers onder elkaar stimuleert de ambitie, maar de kruisbestuiving met de wereld rondom.

Museum Boijmans Van Beuningen is ermee ingenomen dat de Stadscollectie aan de tentoonstelling en publicatie 'Oponthoud' behalve een internationale ook een belangrijke actuele dimensie verleent. De reflectie op de eigen tijd krijgt in deze publicatie bovendien een literaire inbedding.

In zijn essay over 'het lezen van de wereld' pleit Lex ter Braak voor een onbevooroordeelde blik: vrij van ideologische huichelarij. 'In een gedifferentieerde en deelbare wereld kan immers alles steeds opnieuw en anders worden gelezen.' Terwijl het open oog zich bij uitstek in de kunst manifesteert, is het ook hier dat 'oude betekenissen en talen waarmee de werkelijkheid betekenis gegeven is, voor uitsterven worden behoed'.

Het oude en nieuwe Europa: 'Oponthoud' laat zien, zoals Sütö schrijft, wat het betekent te leven in twee werelden, of, daarentegen, tussen beide werelden in. Grenzeloosheid betekent niet dat kunst van enig vaderland verstoken is. 'Achter de schijn van eenwording', stelt Michaël Zeeman, 'woekert de werkelijkheid van het verschil. Bij de opheffing van staatsgrenzen winnen de culturele grenzen aan belang, betoogt Zeeman, en hij concludeert: 'Europa is geen economisch of bestuurlijk, maar een cultureel gegeven.'

Het is dát gegeven, dat via 'Oponthoud' zichtbaar wordt. Museum Boijmans Van Beuningen dankt hiervoor de kunstenaars, de conservator en de auteurs, alsmede de bruikleengevers. Dank geldt ook de European Cultural Foundation voor de financiële bijdrage. Onmisbaar bij de organisatie van de tentoonstelling was de ondersteuning van de projectgroep geleid door Rein Wolfs. Dankzij de voortvarendheid van Barbera van Kooij van NAi Uitgevers en de spitsvondigheid van de vormgevers 75B kwam ook het boek, ondanks de krappe productietermijn, tot stand zonder ongewenst oponthoud.

Sjarel Ex
Directeur Museum Boijmans Van Beuningen

In the wake of the recent enlargement of the European Union, Museum Boijmans Van Beuningen is exploring the new border region in art. 'Delay' brings together nine artists from the West and from the former Eastern bloc. Their work invites the public into a force field midway between old and new Europe. Urbanization and increased traffic volume suggest a targeted movement, beyond the past, towards the future. However, 'Delay' also presents the friction of conflicting processes. Pictures of built-up areas and mobility, but also of displacement and stagnation, expose the dynamics in the West and in the former Eastern bloc.

This is how the curator Wilma Sütö positions the 'Delay' exhibition in this publication. 'Topical art presents topical themes like these, without political generalizations', she writes in her introduction. The artists she has selected, some of whom experienced Communism personally, transform their own experiences. But: 'The specific feature of those experiences is converted into images with varied meanings; a combination of analytical and evocative ability which clarifies something for us about the times in which we live.'

As curator of the Rotterdam City Collection – since 1987 an independent section of Museum Boijmans Van Beuningen – Sütö places images and ideas of artists from Rotterdam in a fitting, global framework, in exhibitions and publications which interact with the museum's international collection and loaned works from all corners of the earth. After all, imagination does not depend on geographical borders: joint isolation of Rotterdammers is not what stimulates ambition, but the cross-fertilization with the world around them.

Museum Boijmans Van Beuningen is pleased that the City Collection can give the exhibition and publication 'Delay' not only an international, but also an important topical dimension. Added to which, the reflections on present times in this publication acquire a literary foundation.

In his essay on 'reading the world', Lex ter Braak advocates an unprejudiced outlook: free of ideological hypocrisy. 'In a differentiated, divisible world everything can be read in new, different ways, over and over again.' While artists help us see things through new eyes, the "old" symbols and languages used to impart meaning to reality are saved from extinction.'

Old and new Europe: 'Delay' shows, as Sütö writes, what it means to live in two worlds, or, rather, between two worlds. The lack of boundaries does not mean that art is denied a homeland. 'Behind the semblance of unification', Michaël Zeeman states, 'lies the rampant reality of the differences.' When national borders are abolished, cultural borders become more important, according to Zeeman, who concludes: 'Europe is a cultural factor, not an economic or administrative one.'

And that is exactly what 'Delay' reveals. For that, Museum Boijmans Van Beuningen would like to thank the artists, the curator and the authors, as well as those who have loaned works. We would also like to express special thanks to the European Cultural Foundation for its financial support. The support from the project group, headed by Rein Wolfs, has been invaluable for the organization of the exhibition. Thanks to the drive of Barbera van Kooij of NAi Publishers and the ingenuity of designer group 75B, the book has also been completed, despite a tight production schedule, without any unwelcome delay.

Sjarel Ex
Director Museum Boijmans Van Beuningen

★

INHOUD

CONTENT

Wilma Sütö

OPONTHOUD
Het oude en nieuwe Europa: kunstenaars ontsluiten het overgangsgebied

Zomer 2004 boek je als reiziger in de ban van Europa je treinkaartje mobiel. De Intercity Express International, die zevenmaal per dag in amper vier uur van Amsterdam naar Frankfurt rijdt, maakt reclame met 'een 1^e klas reis voor een 2^e klas prijs'. Wie mee wil, houdt zijn gsm paraat: 'U ontvangt uw ticket per sms'. De hogesnelheidstrein voert zijn passagiers door het Europa van de eenentwintigste eeuw: hier worden de grenzen geslecht met een prijswinnende combinatie van transport- en communicatiemiddelen.

Terwijl de trein het ene land uit en het andere binnen rijdt, profiteert de reiziger in zijn fauteuil met extra beenruimte van audio-aansluiting, videoscherm en aansluiting voor zijn laptop. Daarbij komt het gemak van storingsvrije telefoonverbindingen, dankzij versterking van het gsm-signaal. Intussen informeert een display het publiek over het verloop van de reis. Dit weidse bereik in een krimpende wereld wordt zonder meer als comfortabel aangeprezen, maar de ICE kent nog een troef.

'Heel bijzonder' is het raam dat 'glaswand' heet. Dit biedt geen zicht op het mediale universum, maar op de eigen omgeving. Het bevindt zich in de lounge van de trein en je kunt er domweg door naar buiten kijken, over de schouder van de machinist. Alleen wanneer die geen toeschouwers kan gebruiken, wordt de glaswand tijdelijk ondoorzichtig. Gewoonlijk rolt het landschap zienderogen voort. Van west naar oost ontvouwt het zich in één ononderbroken beweging, de in- en uitstapplaatsen daargelaten: het hele panorama van Amsterdam Centraal tot Frankfurt Hauptbahnhof in nog geen vier uur.

Aan de andere kant van Europa nadert intussen een trein die wel wat meer tijd nodig heeft voor een reisje over de grens. Op het betreffende traject van oost naar west, en terug, doet zich telkens een oponthoud voor dat drie uur duurt. Hier valt Europa dan ook buiten de Unie. Zo poreus als de binnengrenzen van het bondgenootschap zijn, zo duidelijk afgebakend is het territorium aan de buitenkant: daar waar Pavel Brăila ons mee naartoe neemt. Brăila (Moldavië, 1971) filmde op een klein grensstation tussen Moldavië en Roemenië hoe ter plaatse passerende treinen van wielen moeten wisselen (*Shoes for Europe*, 2002). Het Russische onderstel voor breedspoor wordt hier vervangen door een onderstel dat past op het normaalspoor in Roemenië en West-Europa.

Shoes for Europe brengt het moeizaam vervagen van grenzen in beeld; het meestal niet zo gemakkelijk zichtbare, maar hardnekkige voortbestaan van historische politieke noties in een veranderende cultuur. Sinds de desintegratie van het communisme, begin jaren negentig, werkt het oude Oostblok toe naar aansluiting bij de welvarende democratieën in het Westen, in een proces van vooruitgang dat er tegelijk één is van gelijkschakeling aan de internationale norm. Brăila toont het overgangsgebied als een duister krachtenveld. De arbeidsintensieve procedure van het optakelen tot twee meter hoogte van elke wagon om het materieel op de spoorbreedte te kunnen aanpassen, werd door hem bij nacht geregistreerd. En illegaal, want in de onderhavige grensstreek zijn filmopnames taboe. Gehuld in de blauwe gloed van het schemerdonker verrijst de trein pal voor ons: een symbool voor de zoektocht naar eenheid, maar ook een eigenmachtig, mythisch gevaarte.

De opgetakelde rijtuigen in *Shoes for Europe* staan los, om niet te zeggen op ontzagwekkende afstand, van de snelle, goedkope en soepel geïntegreerde vervoersnetwerken voorzien van telecommunicatie in de Europese Unie. Het zware volume waarmee de trein zich manifesteert, belichaamt de discrepantie tussen beide werelden. Het representeert een Europa dat het Westen achter zich gelaten heeft: het Europa dat door de stedenbouwkundige Robert Broesi tot 'Traag Europa' wordt uitgeroepen in de essay-bundel *Euroscapes* (2003). Hierin onderzoeken Broesi en zijn medeauteurs hoe de inrichting van stad en land verandert met het verdwijnen van de binnengrenzen in Europa.

Wilma Sütö

<u>DELAY</u>
Old and new Europe:
artists investigate the transition zone

In the summer of 2004 the traveller, imbued with the European spirit, books a train ticket by mobile phone. The Intercity Express International, which goes from Amsterdam to Frankfurt seven times a day in a mere four hours, advertises 'a 1st-class trip for a 2nd class price'. If you want to book, keep your GSM at the ready: 'You will receive your ticket by SMS'. The high-speed train transports its passengers through 21st-century Europe: borders are overcome in a prize-winning combination of transportation and communication.

As the train passes out of one country and into another, the traveller, sitting in his comfortable seat with extra leg-room, enjoys an audio connection, video screen and power supply for his laptop. Plus the convenience of an interference-free phone connection thanks to the GSM signal booster. All the while, a display updates the public on the itinerary. This expanding horizon in a shrinking world is extolled as a comfortable amenity, but the ICE has yet another ace up its sleeve.

The window, termed 'glass partition' is 'very special'. It does not afford a view of the media universe, but of the surroundings. It is in the train lounge and you can simply look outside, over the train driver's shoulder. Unless he does not want an audience, when the partition will temporarily become non-transparent. On the whole, the scenery rolls on before one's eyes. From west to east, except where people board and alight, it unfolds in one, continuous movement: the entire panorama from Amsterdam's Central Station to Frankfurt's Hauptbahnhof in less than four hours.

At the other side of Europe a train is meanwhile approaching that will require a little more time to take us over the border. On that stretch from east to west, and back, there

★

is always a 3-hour delay. This is where Europe becomes non-Union. The Union's internal borders may be porous, but the territory is certainly more clearly circumscribed on the edges: where Pavel Brăila takes us. Brăila (Moldavia, 1971) filmed a small station on the frontier between Moldavia and Romania where trains are obliged to change wheels (*Shoes for Europe*, 2002). The Russian broad-gauge undercarriage is exchanged for one suited to the standard gauge in Romania and Western Europe.

Shoes for Europe portrays the laborious blurring of borders; the continued existence of historical and political notions - which is not usually very obvious, but still persistent - in a changing culture. Since the disintegration of Communism in the early nineteen-nineties, the former Eastern bloc has been working up to joining the prosperous democracies of the West, in a process of progress which is also one of alignment with international standards. Brăila presents the transition zone as an obscure force field. He recorded the labour-intensive procedure of hoisting each carriage up two metres, in order to adjust the rolling stock to the track gauge, at night. Illegally, too, since filming is taboo in this border area. The train, shrouded in the bluish glow of twilight, rises up directly in front of us: a symbol of the quest for unity, but at the same time an obstinate vehicle of mythical proportions.

The raised carriages in *Shoes for Europe* are unrelated to, even a far cry from the fast, cheap and smoothly integrated transport networks, with their telecommunications, in the European Union. The weighty volume presented by the train epitomizes the disparity between the two worlds. It represents a Europe that the West has left behind: the Europe which the urban designer Robert Broesi, in the collection of essays entitled *Euroscapes* (2003), proclaims to be 'Slow Europe'. Broesi and his co-authors examine the way the planning of urban and rural areas is changing as Europe's internal frontiers disappear.

Vóór 1950, het jaar waarin de Europese Gemeenschap ('voor Kolen en Staal') werd opgericht, kregen stad en land geleidelijk vorm, in de loop van honderden jaren. Dit Traag Europa, schrijft Broesi, 'bestaat grotendeels uit de gebouwen, openbare ruimten en landschappen die beschreven worden in de gidsen van Michelin, Capitool en in andere toeristische handboeken.' Het strekt zich uit van Lissabon tot Moskou, van Napels tot Helsinki. Met de komst van het IJzeren Gordijn vlak na de Tweede Wereldoorlog en in het Westen de oprichting en groei van de EG, nu EU, verandert die kaart.

Door de interne openheid en mobiliteit raakt de ruimtelijke ordening van Europa na 1950 onder invloed van een toenemende versnelling. Het devies van de Unie – vrij verkeer van goederen, personen, diensten en kapitaal – schroeft de dynamiek in het Westen zo drastisch op, dat de welvarende, mobiele Europeaan er aan het begin van de eenentwintigste eeuw één is te midden van miljoenen. Hij is toerist, bezoeker van een tweede huisje, transnationale forens, distributeur of *expat*. Het één naast het ander kan ook: het individu in de massa wereldburgers vervult op verschillende tijden een verschillende rol. Zijn toegenomen ruimtebeslag verandert Europa in toptempo in 'een netwerkstad, opgebouwd uit megasteden en een suburbaan stedelijk veld'. Haaks op de interne openheid staat intussen het verharden van de buitengrenzen. 'Ben je geen lid van de Unie, dan gelden totaal andere regels', zoals Broesi vaststelt. 'De schaalsprong vindt plaats binnen de grenzen van de staten.'

Het is deze dynamiek tussen het Westen en landen uit het voormalige Oostblok, waar het in de tentoonstelling en de publicatie 'Oponthoud' om draait. Na de uitbreiding van de Europese Unie afgelopen voorjaar met tien landen, staat 'Oponthoud' stil bij de verruiming van grenzen: juist het overgangsgebied wordt door diverse kunstenaars verkend. Hun beelden weerspiegelen actuele maatschappelijke verschuivingen: soms zijn ze documentair, soms een dichterlijke omvorming van de realiteit, meestal een combinatie van beide. Ze onthalen het publiek in een mysterieus krachtenveld op de grens van het oude en nieuwe Europa. Verstedelijking en verkeerstoename suggereren hier een doelgerichte beweging, het verleden voorbij, de toekomst tegemoet. Maar de deelnemende kunstenaars laten bovendien het wringen zien van tegenstrijdige processen. Met beelden van bebouwing en mobiliteit, maar eveneens van ontheemding en stagnatie, plaatsen zij de dynamiek in het Westen en in het oude Oostblok naast elkaar.

Het zinderend in verbinding staan met de wereld rondom, alledaagse realiteit voor de mobiele euroburger, groeit in het werk *Parallax* (2002) van Roderick Hietbrink (Nederland, 1975) uit tot een desoriënterende ervaring. Hietbrink stelt een architectonische ruimte bloot aan audiovisuele invloeden die zichzelf lijken te transformeren. Door de continue verandering van beelden en geluiden overal rondom raakt de fysieke omgeving aan trillingen onderhevig. De reiziger is gearriveerd in een netwerkstad die zijn eigen leven leidt. De plattegrond van deze stad laat zich onmogelijk in één oogopslag overzien. Om elke hoek ligt een andere, en welk standpunt de bezoeker ook inneemt: de stad valt hoe dan ook in fragmenten uiteen.

Op drie verschillende wanden lichten videoprojecties op van gebouwen. Dit zijn metersgrote grafische uitsneden van gevelpartijen, monumentale details die doorzicht bieden op eigentijdse constructies in beton, staal en glas: exempels van de architectuur die het afgelopen decennium verrees op de Kop van Zuid in Rotterdam. Terwijl het oog tracht scherp te stellen op kozijnen, lichtreflecties in spiegelend glas, steunbalken of andere opvallende elementen, schuiven telkens nieuwe beelden over de voorgaande heen. Het houvast wordt nog verder ondermijnd door de geluiden die onderwijl weerklinken: niet nader te definiëren verschuivingen van personen of goederen, nu eens in de ene, dan weer in een andere hoek. De gedurige metamorfose van de omgeving activeert de bezoeker, in dubbele zin. Terwijl hij gebiologeerd de veranderlijke ruimte verkent, stijgt ook zijn verlangen te ontsnappen aan dit spiegelpaleis voor de eenentwintigste eeuw.

Prior to 1950, when the European Community ('for Coal and Steel') was founded, urban and rural areas had gradually taken shape over hundreds of years. That Slow Europe 'consists largely of the buildings, public spaces and landscapes described in Michelin guides and other tourist handbooks', to quote Broesi. It extends from Lisbon to Moscow, from Naples to Helsinki. When the Iron Curtain descended just after the Second World War and, in the West, the EC – now EU – came about and grew, the map changed.

Internal openness and mobility meant that after 1950 Europe's spatial planning was affected by growing acceleration. The Union's aim - free movement of goods, persons, services and capital - boosted the dynamics in the West so drastically that, at the start of the 21st century, the affluent, mobile European is one among millions. He is a tourist, visitor to a second home, transnational commuter, distributor or expat. Sometimes one and the other: the individual in the crowd of world citizens plays varying roles at varying times. His greater appropriation of space is changing Europe at record speed into a 'network city, composed of megacities and a suburban field'. Meanwhile, the 'hardening' of external borders is at odds with internal openness. 'For non-members of the Union totally different rules apply', Broesi concludes. 'The jump in scale occurs within the states' frontiers.'

This dynamics between the West and countries of the former Eastern bloc is the thrust of the exhibition and publication entitled 'Delay'. With a further ten countries joining the European Union this spring, 'Delay' contemplates the extending of frontiers: various artists investigate that very transition zone. Their images reflect topical social shifts: sometimes they are documentary in nature, sometimes a poetic remodelling of reality, usually a combination of both. They welcome the spectator into a mysterious force field on the border between old and new Europe. Here, urbanization and increased traffic volume suggest a targeted movement, beyond the past, towards the future. But the participating artists also portray the friction of conflicting processes. With pictures of built-up areas and mobility, but of displacement and stagnation too, they align the dynamics in the West and in the former Eastern bloc.

Scintillating interaction with the world around us, everyday reality for the mobile EU-citizen, develops in the work by Roderick Hietbrink (Netherlands, 1975) entitled *Parallax* (2002) into a disorientating experience. Hietbrink subjects an architectural space to audio-visual influences which seem to transform themselves. The all-pervading, continuously changing images and sounds produce vibrations in the physical surroundings. The traveller has arrived in a network city, which leads a life of its own. The town plan is impossible to assimilate at a glance. Around every corner is another corner, and whatever the visitor's viewpoint: the city fragments anyhow.

On three different walls, video projections of buildings light up. They are graphic patterns, several metres high, of facades, monumental details affording views of contemporary structures in concrete, steel and glass: examples of architecture built in the past decade in Rotterdam's Kop van Zuid district (a recently developed area in the south of Rotterdam). While one's eye attempts to focus on window or door frames, light reflections in plate glass, girders or other striking elements, new images keep sliding over the previous ones. Your grip is further undermined by the accompanying sounds: indefinable shifting of persons or goods, first in one corner, then in another. The incessant metamorphosis in the surroundings activates the visitor, in two senses. As he explores, mesmerized, the changeable space, his desire grows to escape from this 'crystal palace' for the 21st century.

However, the delicate balance between order and chaos is not the prerogative of *Parallax*, as will become apparent during the rest of the journey through the transition zone that is opened up here. If you have been put off and opt for the night train in *Shoes for Europe*, you will quickly slide deeper into

De wankele balans tussen orde en chaos is echter niet voorbehouden aan *Parallax*, zoals zal blijken tijdens het vervolg van de reis door het overgangsgebied dat hier ontsloten wordt. Wie, terugschrikkend, de nachttrein uit *Shoes for Europe* verkiest, glijdt al snel dieper het verleden in dan verder in de toekomst. Vanwege zijn ferme monumentaliteit herinnert Brăila's trein aan die van William Turner, zoniet de eerste dan toch de eerste van dit kaliber die de kunstwereld binnenreed. In een wolk van regen en stoom komt Turners locomotief het schildersdoek op, indertijd een toonbeeld van moderniteit. De trein (*Regen, stoom en snelheid*, 1844) is één met de stormachtige atmosfeer: een oerkracht onder de elementen die hier worden getrotseerd, anderhalve eeuw gaans van de onze, voortrazend over het spoorwegviaduct. Tekenend voor de huidige reisdrift is niet eens zozeer de hogesnelheidslijn, als wel het luchtverkeer en beter nog het complete stelsel van ringwegen, parkeergarages, metrogangen, spoorwegstations en vliegvelden samen: het verspreide werkgebied van Carla Klein (Nederland, 1970).

Evenals Turner is Klein ertoe in staat de bewogenheid van de atmosfeer te laten samengaan met een bewogenheid van schilderen. Zoals op het schilderij *Regen, stoom en snelheid* de essentie van de omgeving in beweging is, en daarom wel snel en schetsmatig genoteerd moest worden, zo schildert ook Klein de beweeglijkheid van het vliegverkeer in een turbulent milieu. Haar vliegtuigen bevinden zich in een raadselachtig stadium van hun reis. Ze stijgen net op of komen juist aan. Hun contouren verdwijnen of verschijnen in een nevel van waterige kleuren, je zou haast zeggen een kleuren*vlucht*. Ze lossen op in hun omgeving, klaarblijkelijk gedurig onderweg.

In die zin zijn ze atypisch: meestal schildert Klein een monumentale, statische uitsnede van de infrastructuur – zonder voertuigen, zonder reizigers. De foto's die zij daarbij gebruikt als 'schetsmateriaal', zelf gemaakt of van internet geplukt, dienen niet om de werkelijkheid te vangen (een beweging, een vluchtig moment), maar om haar te ontleden. De foto's zijn constructies op het platte vlak, de schilderijen naar die foto's verdubbelde constructies en de op deze schilderijen weergegeven luchthavens, parkeergarages en metrotrappen ten slotte decorstukken in het kwadraat. Klein schildert doorgangsgebieden, maar daarvan rest bij haar niets dan een niemandsland – een gapend architectonisch model. Hier is geen mens te zien, geen spoor van de gebruikelijke bedrijvigheid, alsof aankomst en vertrek voor onbepaalde tijd zijn uitgesteld, alsof de tijd in zijn geheel is opgeschort.

De reiziger is verzwolgen door een duizelingwekkende leegte, die ook voor de toeschouwer een zekere hypnotiserende kwaliteit heeft, dankzij de transparante kleuren waarmee Klein laag over laag een gevoel van eindeloosheid oproept. Maar juist dit gevoel stimuleert ook de verdenking dat het netwerk van non-plaatsen, dat hele op efficiency ingestelde universum voor personenvervoer, zo doelmatig niet kan zijn, of het is ook een labyrint om eeuwig in te hoop te lopen. Het parallelle universum van reizigers, met een grote mate van ongerichtheid, dat zich ontvouwt in het werk van Juul Hondius (Nederland, 1970) kan die verdenking alleen maar versterken.

Hondius brengt op grote kleurenfoto's de reizigers in beeld die dag in dag uit in het journaal voorbijtrekken: migranten, asielzoekers en seizoenarbeiders, afkomstig uit de hele wereld. Uit de krant en van tv zijn ze ons al aardig vertrouwd, deze vreemdelingen onder de individuen. Hondius focust op de keerzijde van de voortschrijdende europeanisering: op de buitenstaanders, van vrij verkeer verstoken, die toch hun weg proberen te vinden. Zij komen achterom. Te voet, tegen de oever van een stroompje op klauterend, vermoedelijk door een grensgebied (*Crossing*, 2000). Of weggedoken onder een transparant stuk plastic in een kar, hoofddoeken om en dikke gebreide mutsen op (*Plastic*, 2001). Het ongemakkelijke aan Hondius' beelden is allereerst dát ze ons zo bekend voorkomen, ons onze gewenning aan andermans ontreddering demonstrerend, maar daar komt nog iets bij: enkele opvallende ongerijmdheden, die het lastig maken deze foto's te plaatsen.

the past rather than further into the future. Brăila's train, with its robust monumentalism, is reminiscent of William Turner's – perhaps not the first, but certainly the first of this calibre to drive into the art world. In a cloud of rain and steam, Turner's engine arrives on the canvas; in those days the epitome of modernity. The train (*Rain, Steam and Speed*, 1844) is at one with its stormy setting: a primal force beneath the elements which it is defying, one-and-a-half centuries earlier, thundering over the railway bridge. Present-day travel mania is less concerned with the high-speed train than with air travel, and even better, with the entire system of ring roads, indoor car parks, subways, railway stations and airports: the dispersed work area of Carla Klein (Netherlands, 1970).

Klein, like Turner, is able to combine the motive power of the atmosphere with the motive power of painting. In the painting *Rain, Steam and Speed*, the essence of the setting is in motion and so had to be recorded fast and sketchily. Similarly, Klein paints the dynamism of air traffic in a turbulent environment. Her planes are at an enigmatic stage of their journey. Either just taking off or just landing. The contours disappear or appear in a haze of watery colours, you could even describe it as a colour *flight*. They dissolve in their surroundings, seemingly perpetually on their way.

In that sense, they are atypical: usually Klein paints a monumental, static cut-out of the infrastructure – with no vehicles, no travellers. The photos she uses as 'sketch material' (which she took herself or gathered from the Internet) are not intended to capture reality – a movement, a fleeting moment – but to analyse it. The photos are two-dimensional constructions, the paintings based on the photos, doubled constructions, and finally, the airports, car parks and subway steps are consummate stage sets. Klein paints transition zones, but all that remains is a no-man's-land – a gaping architectural model. Not a person in sight, no trace of the customary hustle and bustle, as if arrival and departure have been postponed indefinitely, as if time, in its entirety, has been suspended.

The traveller is engulfed in a dizzying emptiness, which also has a certain hypnotic effect on the viewer, thanks to the transparent colours with which, layer upon layer, Klein evokes a feeling of infinity. But that very feeling also encourages the suspicion that the network of non-places, that entire passenger-transport universe geared to efficiency, cannot be so effective, or else it is a labyrinth in which we crowd together for ever. The parallel universe of travellers, with a large degree of undirectedness, which unfolds in the work of Juul Hondius (Netherlands, 1970) can only reinforce that suspicion.

Hondius depicts in large colour photographs the travellers who file past, day in day out, in the news: migrants, exile-seekers and seasonal workers, from all over the world. From the newspapers and television we have become quite familiar with them, these aliens among the individuals. Hondius focuses on the other side of advancing Europeanization: on the outsiders, denied freedom of movement, who still try to find their way. They come in the back way. On foot, clambering up the banks of a stream, presumably through a border region (*Crossing*, 2000). Or else huddled in a cart under a sheet of plastic wearing headscarves or thick knitted hats (*Plastic*, 2001). The uncomfortable aspect of Hondius's pictures is primarily their familiarity, their demonstration of the fact that we have become accustomed to someone else's desperation. But they contain more: several striking incongruities, which make it difficult to place these photos.

The work is seemingly documentary, yet is too slick for that. Although we can again picture the hordes of refugees who left their homes during the ethnic cleansings in the former Yugoslavia, the photo *Plastic* which triggers that memory was clearly not taken there or in those circumstances. It is a precisely stage-managed image. The cart is spotless, the makeshift plastic cover equally spotless and the colours of the bags and coats attractively coordinated. The stereotype of impoverished misery has been spruced up with the gleaming

Het werk lijkt documentair, maar is daarvoor veel te gelikt. Hoewel wij opnieuw de stromen vluchtelingen voor ons zien die tijdens de etnische zuiveringen in voormalig Joegoslavië hun woonplaats verlieten, is de foto *Plastic*, die deze herinnering in gang zet, duidelijk niet daar en in die omstandigheden genomen. Het is een strak geënsceneerd beeld. De kar is brandschoon, de provisorische huif van plastic al even smetteloos en de tinten van tassen en jassen zijn fraai op elkaar afgepast. Het stereotype van armoedige misère is opgepoetst met de glimmende esthetica van de reclamewereld en de filmindustrie. Dat is een effectieve strategie. Uit de kruising van ethisch en esthetisch moeilijk verenigbare werelden, rauwe realiteit vermengd met schone schijn, doemt een beeld op dat zich van voorgaande beelden onderscheidt – en daar een kritische reflectie van is. Glimmend weerkaatsen Hondius' foto's de clichés uit de massamedia en de mensen die daarin verstrikt zitten, eerder als tragische protagonisten dan nog als individu.

Soms is het resultaat van deze kruising bijzonder knellend. *UN/Defender* (1999) luidt de titel van een foto waarop een man uitgeput op de motorkap van een legergroene landrover steunt. Hoewel het voertuig onder de modder zit, oogt de man om door een ringetje te halen. Knap als een filmster, dat zeker, maar aan zijn schone handen en verfijnde zonnebril te zien, staat deze gedroomde redder in nood als het erop aankomt buiten de wereld. In een ommezien verandert *UN/Defender* van een vermeende persfoto of filmstill in een personificatie: de held staat voor het falende beschermheerschap van de Nederlandse troepen in Srebrenica, waar in 1995 de grootste massaslachting in Europa plaatsvond na de Tweede Wereldoorlog. Zeven- tot achtduizend moslimmannen werden door Servische nationalisten vermoord, hoewel de Bosnische stad in 1993 tot veilig toevluchtsoord was verklaard door de Verenigde Naties.

De realiteit schept verplichtingen, vindt Hondius, ook in de kunst. Met zijn werk breekt hij in op een wereldbeeld van veiligheid, harmonie en saamhorigheid. Zijn foto's zijn ficties gebaseerd op feiten – maar feiten die uit complexe betrekkingen bestaan. Neem het antwoord op de vraag waar Europa begint en ophoudt: de randen kunnen worden uitgetekend, maar bieden onvoldoende houvast. Waar het bondgenootschap deel is van transnationale netwerken, gaat het de grenzen te buiten. Europa manifesteert zich ook in het Midden-Oosten, waar Nederlandse militairen tot eind januari 2005 bijdragen aan de internationale stabiliteitsmacht in Irak. 'Europa verkeert in een staat van oorlog en de ontkenning daarvan', constateert Hondius. In zijn recente foto's van oplaaiende rookwolken, schilderachtige, zwart-grijs gemarmerde monochromen, waarin oranje vuurtongen oplichten, maar de rook verder elk uitzicht verstikt, haalt hij een geest dichterbij die we liever op afstand lieten rondwaren.

Het is een geest die zich niet laat ketenen, deze kwade, noch door geografische grenzen noch door die van de tijd. 'Tragedies zoals oorlogen en het uiteenvallen van een land worden meestal gezien als algemene, politieke aangelegenheden. In werkelijkheid zijn het intieme levensgeschiedenissen, die we persoonlijk meedragen', zegt Maja Bajević (1967) uit Bosnië-Herzegovina. In 1991 ging zij naar Parijs, voor een postacademisch vervolg op haar studie als kunstenaar. 'Toen de oorlog in ex-Joegoslavië uitbrak was ik mijn vijfentwintigste verjaardag aan het vieren. April 1992. De geschiedenis begon met mijn leven te spelen.' Ruim tien jaar later pendelt Bajević nog steeds tussen Parijs en Sarajevo heen en weer. Haar huis in Sarajevo, voorheen dat van haar grootouders, is in de oorlogschaos door anderen ingenomen. Volgens haar advocaat krijgt Bajević het vroeg of laat terug. 'Maar is het dan nog mogelijk er voorgoed naar terug te keren', vraagt ze zich inmiddels af, 'of is thuisloos zijn nu mijn tweede natuur?'

In haar videoperformances voert Bajević rituelen op waarin zij zich tegen de ontheemding te weer stelt, even theatraal als beheerst, even eigenzinnig als veelomvattend. De ontheemding waarmee zij in het reine tracht te komen, is een gedeelde ontheemding; het verlies dat zij betreurt een gemeenschappelijk verlies; haar rouw de gedeelde rouw om het vaderland.

aesthetics of the advertising world and the film industry. It is an effective strategy. The 'cross-breeding' of worlds which are hard to unite, ethically and aesthetically, harsh reality mixed with skin-deep beauty, produces a picture which differs from past images – and which is a critical reflection of them. The gleaming photos mirror the clichés in the mass media and the people who are caught up in them, as tragic protagonists rather than as individuals.

The result of that cross-breeding is sometimes extremely oppressive. *UN/Defender* (1999) is the title of a photo showing a man leaning, exhausted, against the bonnet of an olive drab Land Rover. Although the vehicle is covered in mud, the man is squeaky clean. As handsome as a film star, definitely, but considering his clean hands and elegant sunglasses, this dreamed-up saviour is not of this world when it comes to the crunch. Within seconds, *UN/Defender* has turned from a supposed press photo or film still into a personification: the hero stands for the failing peacekeeping mission of Dutch troops in Srebrenica, where in 1995 the greatest massacre in Europe since World War II took place. Seven- to eight-thousand Muslim men were murdered by Serb nationalists, although the United Nations had declared the Bosnian town a safe refuge in 1993.

Reality creates obligations, in Hondius's opinion, and in art too. With his work he rips open a world-view of safety, harmony and solidarity. His photos are fantasies based on facts – but facts made up of complex relations. Take the answer to the question of where Europe starts and ends: the edges can be delineated, but are not enough to go by. When the alliance is part of transnational networks it oversteps the boundaries. Europe is also present in the Middle East, where Dutch military personnel are part of the stabilising force in Iraq until the end of January 2005. 'Europe is in a state of war and its denial', Hondius observes. In his recent photos of billowing clouds of smoke, he brings a spirit nearer which we would have preferred to leave to haunt at a distance. The photos are

painterly, black-grey marbled monochromes, in which tongues of orange flames flash, though otherwise smoke smothers the entire view.

It is a spirit, this evil one, which cannot be restrained either by geographical boundaries or by the boundaries of time. 'Tragedies like wars and the disintegration of a country are usually seen as political, general things. Actually, they are personal, very intimate events of our lives that we carry with us,' Maja Bajević (1967) from Bosnia-Herzegovina states. In 1991 she went to Paris for a postgraduate continuation of her artistic studies. 'When the war broke out in ex-Yugoslavia I was "celebrating" my 25th birthday. April 1992. History started playing with my life.' More than ten years later, Bajević is still travelling between Paris and Sarajevo. Her house in Sarajevo which once belonged to her grandparents was appropriated by other people during the chaos of war. Her lawyer maintains she will get it back sooner or later. 'But', she wonders, 'would it still be possible to go back for good or has homelesness become my other self?'

In her video performances, Bajević executes rituals in which she tries to overcome displacement; both theatrical and restrained, both personal and all-encompassing. The displacement which she seeks to come to terms with is a shared displacement; her loss is a common loss; her mourning the shared mourning for the homeland.

Women at Work, Under Construction (1999) is set in Sarajevo, on the scaffolding around the National Museum of Bosnia-Herzegovina which had to be restored after the war. Together with five refugee women from Srebrenica, Bajević worked for several days embroidering the scaffold netting. Alongside abstract patterns, they wove a teapot or two swans, bowing to each other. The women decorated the facade in the same way they traditionally decorate their houses with their handicraft, and, as during the civil war they sought to add a familiar element to the strange places where they ended up. In the post-war years, when material reconstruction

Women at Work, Under Construction (1999) speelt zich af in Sarajevo, op de steigers rond het Nationale Museum van Bosnië-Herzegovina, dat na de oorlog moest worden gerestaureerd. Samen met vijf vluchtelingenvrouwen uit Srebrenica heeft Bajević hier enige dagen achtereen het steigerdoek geborduurd. Naast abstracte motieven verschijnen een theepot of twee voor elkaar buigende zwanen. De vrouwen versieren de gevel zoals ze traditioneel hun huizen met handwerk versieren, en zoals ze tijdens de burgeroorlog de vreemde plekken waar ze terechtkwamen iets huiselijks probeerden te geven. In de naoorlogse jaren, gericht op de materiële wederopbouw, en zonder aandacht voor hun problematiek, nodigde Bajević hen uit de marge naar voren, in het centrum van de stad. In het ingetogen treurspel dat ze hier opvoeren, eigenen de vrouwen zich hun omgeving weer toe en dwingen zij het publiek zich rekenschap te geven van hun bestaan. Nog zijn zij ontheemd en rouwen zij om hun naasten, maar zij treden niet op als slachtoffer. Hun borduursels zijn tekenen van hoop, die van het treurspel ook een troostende gebeurtenis maken.

'Soms verlang ik naar vervlogen tijden, soms naar een tijd die nog komt', verzucht Bajević in een van haar geschriften. Wanneer zij teruggrijpt op het verleden, is het in een omvorming daarvan, haar heimwee is nooit restauratief. *Women at Work, Washing Up* (2001) brengt haar afrekening in beeld met het onwaarachtige ideaal van de communistische heilstaat. Onder de legendarische president Tito leek de gelijkheid volmaakt, maar dat de kameraadschap geen eeuwigheid aankon, bleek ras na zijn dood in 1980. *A country that has youth like ours, should not worry for its future* luidt een van zijn slogans, die Bajević op lappen stof heeft geborduurd, in samenwerking met de vrouwen uit Srebrenica. De lappen met citaten worden in een badhuis gewassen: in vuil water, totdat de optimistische kreten even vaal en versleten zijn als de ideologie die ze verkondigen. De sfeer in het badhuis is intussen onweerstaanbaar sereen en sensueel, zoals in zeventiende-eeuwse genreschilderijen van brieflezende of handwerkende vrouwen. Alleen kan het bij Bajević niet zó vredig zijn. Haar paradoxale reinigingsritueel markeert eerder het oponthoud dan de overgang naar een opgeruimd verschiet. Met de desintegratie van het land na het communisme werd het toekomstbeeld er vooraleerst alleen maar troebeler op.

'Die man uit Sarajevo met die ene hand, wat zoekt die als hij de stad in gaat?' 'Een tweedehands zaakje.' Zo luidt een van de moppen waarmee Bajević in een recent werk het oorlogstrauma van Sarajevo te lijf gaat. In de video *Green, green grass of home* (2002) is zij zelf zoekende. We zien haar lopen door een stralend groen veld. Alsof ze slaapwandelt opent ze hier deuren in het luchtledige en gaat ze ons voor door onzichtbare gangen en kamers. Ze is onze gastvrouw, maar een vrouw des huizes zonder huis: in het veld zet zij de contouren uit van haar grootouderlijk huis dat ze in de oorlog verloor.

Het bestaan in twee werelden, of juist tussen twee werelden in, met meer dan één identiteit, of juist een verlies van identiteit, is door de toegenomen migratie in Europa een algemeen verschijnsel geworden, concludeert de sociaal-geograaf Ivan Nio in de bundel *Euroscapes*. De meervoudige oriëntatie van migranten brengt met zich mee dat zij het burgerschap verdelen over verschillende landen. Deze Europese dimensie wordt in de gedachtevorming over de multiculturele samenleving ten onrechte verdrongen, betoogt Nio. Het actuele politieke debat in West-Europa dat hamert op integratie en assimilatie, koestert een nostalgisch beeld van een nationale eenheidscultuur, terwijl de betekenis van de natiestaat aan het afnemen is. Nio pleit voor het onderkennen van de grensoverschrijdende gemeenschappen, *ethnoscapes*, waar migranten deel van zijn. Assimilatie-adepten die zich blind houden voor deze nieuwe transnationale netwerken gaan eraan voorbij dat de migranten mét hun meervoudige identiteiten onherroepelijk het aanzien van Europa kleuren.

De actuele kunst brengt actuele thema's zoals deze naar voren, los van politieke veralgemeniseringen. Beschouwingen van kunstenaars als Bajević ontspringen aan een

was the main issue and their problems were disregarded, Bajević invited them out of the sidelines, into the centre of the city. In the subdued *Trauerspiel* (tragedy) that they enacted here, the women reappropriated their surroundings and forced the public to recognize their existence. Homeless and mourning their dear ones, as they are, they do not act as victims. Their embroidery is a sign of hope, turning the tragedy into a comforting happening as well.

'Sometimes I long for times past, sometimes for times to come', Bajević sighs in one of her writings. If she looks back, it is to alter the past; her nostalgia is never restorative. *Women at Work, Washing Up* (2001) presents her reckoning with the deceitful ideals of communist utopia. Equality, during the regime of the legendary president Tito, seemed perfect, but soon after his death in 1980 comradeship proved unable to eternity. *A country that has youth like ours, should not worry for its future* was one of his slogans, which Bajević embroidered on pieces of cloth with help from the women of Srebrenica. The embroidered fabric was washed in a bathhouse: in dirty water, until the optimistic slogans were as faded and worn as the ideology they proclaimed. Meanwhile, the atmosphere in the bathhouse is irresistibly serene and sensual, as in 17th-century genre paintings of women reading letters or doing needlework. Yet it cannot be that peaceful with Bajević. Her paradoxical purification ritual marks the delay rather than the transition to a cleaned-up vista. As the country disintegrated after Communism, the future prospects were, initially, only more troubled.

'What's the one-handed Sarejevan looking for as he goes down the street?' 'A second-hand shop', according to one of the jokes Bajević uses to attack Sarajevo's war trauma in a recent work. In the video *Green, green grass of home* (2002) she herself is searching. We see her strolling through a radiantly green pasture. As if sleepwalking, she opens doors into a void and walks ahead of us through invisible corridors and rooms. She is our hostess, but a lady of the house without a home: in the field she marks out the contours of her grandparents' house which she lost in the war.

Life in two worlds, or between two worlds, with more than one identity, or actually a loss of identity, has become a common phenomenon since increased migration in Europe. That is the conclusion of the social geographer Ivan Nio in the publication *Euroscapes*. The plural focus of migrants means that they spread their citizenship over various countries. This European dimension is, wrongly, suppressed in considerations of the multicultural society, Nio maintains. The current political debate in Western Europe that harps on about integration and assimilation, harbours a nostalgic picture of a united national culture, whereas the significance of the nation state is waning. Nio advocates identifying cross-border communities, *ethnoscapes*, to which migrants belong. Assimilation devotees, who refuse to see these new transnational networks, disregard the fact that the migrants, with their multiple identities, are irrevocably colouring the appearance of Europe.

Topical art presents topical themes like these, without political generalizations. Observations by artists like Bajević originate from a whole range of personal experiences, desires and recollections. The specific feature of those experiences is converted into images with varied meanings; a combination of analytical and evocative ability which clarifies something for us about the times in which we live.

Migrants have become masters at splitting themselves in two, voluntarily or not, and this is extremely clear in the video diptych *Why I Left?* (2003) by Predrag Pajdić – like Bajević originally from the former Yugoslavia. In the mid-eighties, in the period following the Tito regime and preceding Milosević's disastrous nationalism, Pajdić (1965) exchanged Belgrade for London. On two monitors we see relatives, friends and acquaintances seeking to answer the question: 'Why do you think I left Yugoslavia?' Pajdić stays out of the picture himself. Faces of his present circle of friends

complex van eigen ervaringen, verlangens en herinneringen. Het specifieke van die ervaringen wordt omgezet in beelden met een veelzijdige betekenis: een mengeling van analytisch en suggestief vermogen, die ons iets duidelijk maakt over de tijd waarin wij leven.

De spagaat waarin migranten zich bekwamen, al dan niet uit vrije keuze, tekent zich scherp af in het video-tweeluik *Why I Left?* (2003) van Predrag Pajdić, evenals Bajević afkomstig uit voormalig Joegoslavië. Medio jaren tachtig, in de tussenfase na het Tito-regime en voorafgaand aan het desastreuze nationalisme onder Milosević, verruilde Pajdić (1965) Belgrado voor Londen. Op twee monitoren zien we zijn familieleden, vrienden en kennissen die een antwoord zoeken op de vraag: 'Waarom denk je dat ik Joegoslavië verlaten heb?' Pajdić zelf blijft buiten beeld. Gezichten uit zijn huidige kennissenkring in Londen verschijnen zij aan zij met het gezicht van zijn moeder, zijn zus, zijn vroegere onderwijzeres en zijn vrienden in Servië, die hij soms in bijna twintig jaar niet heeft gezien.

Tussen beide werelden, schrijnend verschillend, komen noodlot en zelfbeschikking met elkaar in botsing. Voor de vrienden in Londen is speelruimte net zo vanzelfsprekend als vrijheid. Logisch, dat Pajdić zijn vaderland verliet. 'Je vluchtte voor vooroordelen, hypocrisie, corruptie en homofobie', somt zijn vriendje op. 'Je wilde de wereld en jezelf ontdekken', menen anderen. 'Als kunstenaar zag je meer kansen in Londen.' Pijnlijke overwegingen worden gemakkelijk weggelachen. 'Je vond hier de fantastische schoenenwinkels die Joegoslavië niet heeft', smaalt een vriendin.

Veel emotioneler zijn de antwoorden van de Serviërs. Daar klinkt verdriet in door, van de moeder om haar afwezige zoon. En trotse bewondering, van de onderwijzeres, die altijd al wist dat er een wereld aan talent in deze jongen school. Een jeugdvriendin meent dat het in de sterren stond. Er is begrip voor motiverende omstandigheden: de oorlogsdreiging wordt gememoreerd. Maar er is ook bittere afgunst: terwijl híj zijn dromen tegemoet ging, zijn de achterblijvers in het rampspoedige vaderland door de geschiedenis getekend, zo niet geketend. 'Als er nog hoop bestaat, krijgen we er hier maar weinig van te zien.'

Van twee kanten wordt zijn profiel geschetst, en toch verrijst hieruit niet direct een portret van Pajdić in persoon. Terwijl zij nadenken over zijn beslissing, houden de geïnterviewden om beurten hun eigen leven tegen het licht. Ze vertellen openhartig over hun verwachtingen en teleurstellingen, diepen herinneringen op en wegen keuzes tegen elkaar af. *Why I Left?* is dan ook meer dan een egodocument. De man die zijn vaderland verliet laat zien wat zo'n manoeuvre betekent, via een portret van zijn gespleten vriendenkring. De ene helft staat in het teken van het verleden, de andere in het licht van de toekomst. Met zijn subtiele schakeringen en felle contrasten is dit uitwaaierende portret er een van het huidige migrantenleven in Europa en zo ook van het veranderende Europa zelf.

Het verlangen te kunnen delen in die veranderingen is voor de nieuwe lidstaten en Roemenië en Bulgarije, die nog op de wachtlijst staan, zo ongeveer identiek aan het verlangen naar toekomstperspectief *tout court*. De Europese Unie geldt, of het nu uit ideologisch of materialistisch oogpunt is, als voorwaarde voor toekomstig welslagen – in weerwil van alle mogelijke euroscepsis. Zoveel blijkt wel uit de verwoede inhaalslag van de nieuwe democratieën, die *NRC Handelsblad*-correspondente Renée Postma beschrijft in haar boek *Midden-Europa achter de schermen* (2004).

Sprekend is het door Postma aangehaalde citaat van Václav Havel, de Tsjechische schrijver die in 1989 werd gekozen tot eerste democratische president van zijn land in ruim veertig jaar. Als pleitbezorger voor Europa beriep Havel zich op een gedegen voorbereiding. 'We hebben eindeloos de tijd gehad om na te denken over vrijheid, onrecht, mensenrechten, democratie, politiek pluralisme, markteconomie en vele andere zaken. Door te denken konden we ook dromen. Binnen de gevangenis en daarbuiten droomden we van een Europa zonder prikkeldraad, hoge muren, kunstmatig gedeelde

in London appear right beside the face of his mother, his sister, his former primary school teacher and his friends in Serbia some of whom he has not seen for almost twenty years.

Between both worlds, poignantly different, fate and self-determination collide. For the friends in London, latitude is taken for granted as much as liberty. It is logical that Pajdić left his homeland. 'You fled from prejudices, hypocrisy, corruption and homophobia', his boyfriend summarizes. 'You wanted to discover the world and yourself', others believe. 'As an artist you envisaged greater opportunities in London.' Painful considerations are glossed over with a smile. 'You found fantastic shoe shops here that they don't have in Yugoslavia', a girl friend jeers.

The Serbs' replies are far more emotional. Sorrow echoes through them – the mother's for her absent son. And proud admiration, from the teacher, who always knew the boy possessed a world of talent. An old girlfriend believes it was written in the stars. They understand the motivating circumstances: recall the threat of war. But there is bitter envy too: while he pursued his dreams, the ones who stayed behind were marked, shackled even, by history in their calamitous homeland. 'If hope still exists, we don't get to see much of it.'

He is profiled from two sides, though that does not immediately produce a portrait of Pajdić in person. As they consider his decision, the interviewees in turn examine their own lives. They tell candidly of their expectations and disappointments, dig up memories and weigh up choices. So *Why I Left?* is more than an ego-document. The man who left his homeland shows what a move like that entails, by means of a portrait of his split circle of friends. One half bears the stamp of the past, the other the perspective of the future. With its subtle shading and sharp contrasts, this panoramic portrait paints the present-day life of a migrant in Europe and, accordingly, of a changing Europe.

The desire to participate in those changes is, for the new member states and for Romania and Bulgaria, which are still on the waiting list, almost identical to the desire for a perspective, period. The European Union is a prerequisite, be it from an ideological or a materialistic point of view, for future success, despite all possible Euro-scepticism. That is quite apparent from the new democracies' frantic efforts to catch up. *NRC Handelsblad* correspondent Renée Postma describes what is taking place behind the scenes in her book *Midden-Europa achter de schermen* (2004).

A quote recorded by Postma is significant; she cites Václav Havel, the Czech writer who was elected in 1989 as the first democratic president of his country in over forty years. Havel, a champion of Europe, appealed for sound preparations. 'We have had a long time to think about freedom, injustice, human rights, democracy, political pluralism, market economy and many other matters. By thinking we could also dream. In prison and outside it, we dreamed of a Europe with no barbed wire, high walls, artificially divided nations and gigantic mountains of weapons. We dreamed of a Europe without blocs, based on human rights. We must not be afraid to dream of the impossible if we wish to achieve the impossible', Havel said. Because: 'Without dreams of a better Europe, there will be no better Europe.'

In Romania, which is looking forward to joining in 2007, the law of 'retarding lead' is operative in a strange way, as demonstrated by the film *Building Blocks* (2000-2002) by Freek Drent (Netherlands, 1959) and Stella van Voorst van Beest (Netherlands, 1963). They recorded the abrupt cessation of urbanization in various high-rise neighbourhoods which had been even more hastily initiated during Ceauşescu's communist regime. In the name of modernization Ceauşescu systematized urbanization of rural areas. Numerous Romanian villages, often inhabited by farmers and miners, were knocked down to make way for flats. That enforced leap forward, which should, by 2000, have been completed in 8,000 villages, ended in the revolution of 1989 with Ceauşescu's execution.

★

volkeren en gigantische bergen wapens. We droomden van een Europa zonder blokken, gebaseerd op mensenrechten. We moeten niet bang zijn om te dromen van het onmogelijke als we het onmogelijke willen bereiken', zei Havel. Want: 'Zonder dromen van een beter Europa kómt er geen beter Europa.'

In Roemenië, dat ernaar uitziet in 2007 toe te treden, is op een vreemde manier de wet van de remmende voorsprong van kracht, getuige de film *Flattenwijken* (2000–2002) van Freek Drent (Nederland, 1959) en Stella van Voorst van Beest (Nederland, 1963). Zij legden in diverse hoogbouwwijken de abrupt tot stilstand gekomen verstedelijking vast, die onder het communistische bewind van Ceauşescu eens zo bruusk in gang was gezet. In naam van de modernisering systematiseerde Ceauşescu de urbanisatie van het platteland. Talloze Roemeense dorpen, veelal door boeren en mijnwerkers bewoond, gingen tegen de vlakte ten behoeve van flats. Deze geforceerde sprong voorwaarts, die in het jaar 2000 in 8000 dorpen voltooid had moeten worden, eindigde in de revolutie van 1989 met de executie van Ceauşescu.

Drent en Van Voorst filmden vooral in Transsylvanië, waar de systematisering al een vergevorderd stadium had bereikt. Evengoed is hier het contrast groot tussen de flats en de landelijkheid rondom. Terwijl groenstroken fungeren als moestuin, scharrelen over de boulevards ganzen tussen de plassen die in het wegdek de wolkenhemel spiegelen. En ook hier wijzen de bewoners op de onvoltooide belofte: op het marktcomplex dat ooit zou verrijzen en het motel dat aan de rand van de heuvels was gedacht. *Flattenwijken* portretteert zowel de blokbouw als de bewoners die grillig gezicht geven aan die uniforme architectuur. Verrimpelde oudjes weten nog hoe het land van de boeren werd afgepakt; een gedesillusioneerde man vertelt dat het halve district leegstaat vanwege de werkloosheid die volgde op de sluiting van de mijnen. Vrolijker zijn de iconenmaker die het goddelijke nastreeft in zijn mozaïeken en hiermee genoeg verdient om voor kapitalist uitgemaakt te worden, en de rockers die het satanisme belijden omdat zij dat beschouwen als 'religie van het individu en niet van de massa'.

Flattenwijken vangt in schilderachtige stemmingsbeelden de vergane glorie van een utopie. Drent en Van Voorst laten commentaar achterwege. Wel brengen zij de verwording subtiel naar voren in een met de documentaire verweven reconstructie van de blokbouw in een schaalmodel, hanteerbaar als speelgoed. Bij de plaatselijke paraplu- en speelgoedfabriek, die in een overgangsfase verkeerde van staatsbedrijf naar geprivatiseerde onderneming, plaatsten zij een order voor tachtig plastic flats: maquettes die als kaartenhuizen uit een veelvoud van paneeltjes bestaan. Daarmee is het goed goochelen, zoals de mallenmaker uit de fabriek, tevens een van de wijkbewoners, demonstreert. Bij zijn montagewerkzaamheden houd je je hart vast. Zo provisorisch, zo wankel als deze kleine flats zullen de grote – indertijd speelgoed van de Conducator – toch zeker niet zijn!

De sculpturale installatie die Drent en Van Voorst met deze plastic flatjes hebben gebouwd, een stad in het klein, belicht de erfenis van een voorbije tijd. Het schaalmodel geeft een vervolg aan de installatie *Zwaarmoedig Speelgoed* (1999), opgebouwd uit plastic stoomtreintjes naar Roemeens ontwerp. De laatste Roemeense stoomtrein, door Drent en Van Voorst in 1998 gefilmd op zijn laatste rit, is nu een museumstuk. En de plastic gebruiksvoorwerpen en speelgoedjes die typerend waren voor de Roemeense markt, zijn gaandeweg verdrongen door westerse of Aziatische producten. *Zwaarmoedig Speelgoed* memoreert een verdwenen realiteit, waar *Flattenwijken* het voortbestaan belicht van het verleden in het heden.

De urbanisatie van het Roemeense platteland, uitdrukkingsvorm van een centrale ideologie, indertijd opgelegd en nu gestold, onderscheidt zich intussen wezenlijk van de verstedelijking in het Westen. Verhelderend is wat Broesi hierover zegt in *Euroscapes*. 'Suburbanisatie is niet, zoals vaak gedacht, een gevolg van uitdijende steden, maar van het toegenomen ruimtebeslag waaraan, Europabreed, door miljoenen

Drent and Van Voorst chiefly filmed in Transsylvania, where systematization was quite far advanced. Still, the contrast is great between the flats and the immediately surrounding countryside. Strips of greenery serve as vegetable gardens, while geese rummage along the avenues between the puddles where the clouds are reflected. Here, too, the inhabitants draw attention to the unfulfilled promise of a market complex and a motel in the foothills, neither of which were built. *Building Blocks* portrays both the block housing and the residents, who add a quirky character to the uniform architecture. Wizened old people still remember how the land was taken away from the farmers; a disillusioned man tells that half the neighbourhood is empty because of unemployment following the closure of the mines. Others are more cheerful: the icon-maker, who strives after divinity in his mosaics, earning enough to be branded a capitalist, and the rockers who practise Satanism because they consider it to be the 'religion of the individual not of the masses'.

Building Blocks captures in painterly, atmospheric images the faded glory of a utopia. Drent and Van Voorst refrain from comment. They do, however, subtly reveal the decay, in a scale-model reconstruction of the block housing which can be used as a toy and ties in with the documentary. From the local umbrella and toy factory, which was in transition between state-owned company and privatized enterprise, they ordered eighty plastic flats: models, made up of many small panels, in that way resembling houses of cards. They make good conjuring material, as the factory's template-maker (also a resident of the neighbourhood) demonstrates. You hold your breath as he assembles it. Surely the big flats – in the Conducator's day his toys – are not as makeshift, as shaky as these small versions!

The sculptural installation that Drent and Van Voorst have built with these little plastic flats, a small-scale town, sheds light on the legacy of a past era. The scale model is a sequel to the installation *Toys of Gloom* (1999), comprising small plastic steam trains, after a Romanian design. The last Romanian steam train, filmed by Drent and Van Voorst on its final journey in 1998 is now a museum piece. And the plastic artefacts and toys which were characteristic of the Romanian market have gradually been ousted by Western or Asian products. *Toys of Gloom* recalls a lost reality, whereas *Building Blocks* spotlights the continuation of the past in the present.

The urbanization of Romanian rural areas, the expression of a central ideology, once imposed and now curdled, is essentially different from urbanization in the West. Broesi's comments, in *Euroscapes*, in that context are enlightening. 'Suburbanization is not, as is often thought, a result of urban sprawl, but much rather of the increasing utilization of space contributed to by millions of individuals in cities and local communities all over Europe. The prosperous, mobile European is no longer satisfied with a home based on the "Existenz-minimum" (subsistence level). He prefers a single-family dwelling. Moreover, the area in which he looks for work and recreation is much larger. In urban regions hundreds of thousands of people travel to and fro each day as part of their daily activities.'

And these hundreds of thousands of individuals are essential to this story, for they are the ones who boost the dynamic processes in Europe. Not the administrators, not the politicians, but the mass of millions of individuals are changing our surroundings, as was said, at top speed in that 'network city composed of megacities and a suburban field.'

And especially the artists among all those individuals are highly eligible to bring about subtle delays in these dynamic processes, while they themselves move along with, and even stir up the processes. They use the ever-faster transport and information networks to highlight moments that lure the public into detours and delays: to look more closely at those moments in which the outside world reveals itself through the eyes of the individual. The world that is encapsulated in these images neither turns solely around that

individuen wordt bijgedragen, zowel in de stad als in lokale gemeenschappen. De
welvarende, mobiele Europeaan neemt geen genoegen meer met een woning op het
"Existenzminimum". Hij heeft een voorkeur voor de eengezinswoning. Bovendien is het
gebied waarin hij zijn werk en vermaak zoekt veel groter dan voorheen. Binnen stede-
lijke regio's stromen dagelijks honderdduizenden mensen heen en weer ten behoeve
van hun dagelijkse activiteiten.'

En het zijn deze honderdduizenden individuen, essentieel in dit verhaal, die de dynamische processen in Europa aanjagen. Niet de bestuurders, niet de politici, maar de
massa van miljoenen individuen verandert onze omgeving, als gezegd, in toptempo in
die 'netwerkstad, opgebouwd uit megasteden en een suburbaan veld.'

En bij uitstek de kunstenaars onder al die individuen zijn ertoe in staat subtiele
vertragingen aan te brengen in die dynamische processen, terwijl zij er zelf in meebe-
wegen en die processen zelf ook opstuwen. Met gebruikmaking van de steeds vluggere
vervoers- en informatienetwerken, laten zij momenten oplichten die het publiek ver-
leiden tot omwegen en vertragingen: tot een nadere beschouwing ván die momenten,
waarin de buitenwereld zich laat zien door de ogen van het individu. De wereld die
in deze beelden is vervat, draait noch alleen om dat individu, die kunstenaar, noch
slechts om zijn eigen as. Hier telt het samengaan van het eigene en het algemene,
het particuliere en het maatschappelijke: de wereld in het licht van onze gevoelens en
gedachten – illusies en desillusies ineen.

Anri Sala (Albanië, 1974) is geboren in Tirana maar woont in Parijs. Hij heeft, evenals zijn collega-kunstenaars uit het oude Oostblok die aan 'Oponthoud' meedoen, het
stalinisme persoonlijk ondervonden, maar deelt ook in de nieuwe tijd. En evenals de
anderen verweeft Sala beide atmosferen. In het werk *Blindfold* (2002) verwelkomt hij de
toekomst, maar niet ondubbelzinnig. Hij zet de fysieke en virtuele omgeving tegen elkaar
op. En hij speelt ze tegen elkaar uit: die wonderlijke schaalwisselingen in de wereld die
krimpt dankzij het snelle verkeer en groeit dankzij het weidse bereik van de communica-
tiemedia. *Blindfold* is een ode aan het trage Europa binnen het voortrazende Europa.

Het werk bestaat uit een dubbele videoprojectie. Op twee naast elkaar hangende
schermen verschijnt de schemering in twee Albanese steden. We zien doorkijkjes naar
onopvallende locaties. Enerzijds een hoekpand met een balkon, anderzijds een rom-
melige straat. Elektriciteitsdraden doorkruisen het beeld; een tv-antenne rijst op. Dominant zijn echter de billboards links en rechts. Als schermen van de verbeelding vormen
ze een verdubbeling van de schermen, *real time, real space*, waar het museumpubliek
voor staat. De billboards bevatten geen reclameboodschap: ze fungeren als spiegels
voor de zon. Terwijl rondom de duisternis wijkt en de stad ontwaakt, glijdt langs de
randen het licht te voorschijn tot het ten slotte door beide billboards over de volle
breedte wordt weerkaatst. Oogverblindend.

individual, that artist, nor solely on its own axis. What counts here is the merging of the personal and the general, the particular and the social: the world in the light of our feelings and thoughts – illusions and disillusions combined.

Anri Sala (Albania, 1974) was born in Tirana but lives in Paris. He, like his fellow artists from the old Eastern bloc who are taking part in 'Delay', has personally experienced Stalinism, but also participates in the new times. And, like the others, Sala interweaves the two atmospheres. In his work *Blindfold* (2002) he welcomes the future, but not unreservedly. He juxtaposes the virtual and the physical environment. And he plays them off against each other: those strange changes in scale in the world that is shrinking thanks to fast traffic and growing thanks to the vast reach of the communication media. *Blindfold* is a tribute to slow Europe within galloping Europe.

The work comprises a double video projection. On two adjacent screens we see dawn breaking over two Albanian towns. There are long views to nondescript locations. The one, a corner building with a balcony, the other, a messy street. Electric cables cross through the picture; a television aerial rises up. However, the dominant features are the billboards on the right and left. As screens of the imagination, they in turn form a doubling of the screens, real time, real space, with the museum visitors standing in front. The billboards do not contain advertising, they serve as mirrors of the sun. As the darkness recedes and the town awakes, light appears around the edges until finally it is reflected over the entire width of both billboards. Dazzling.

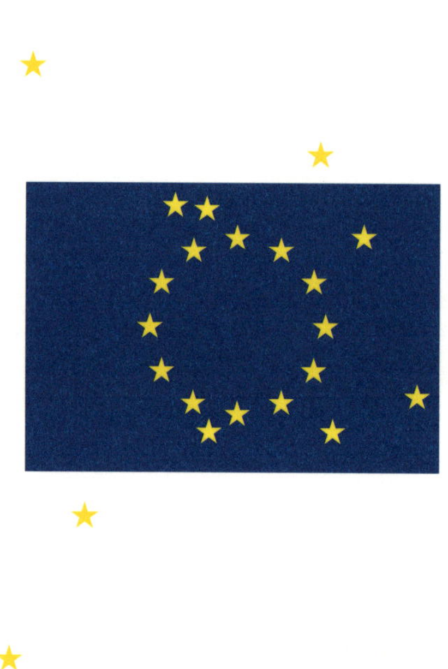

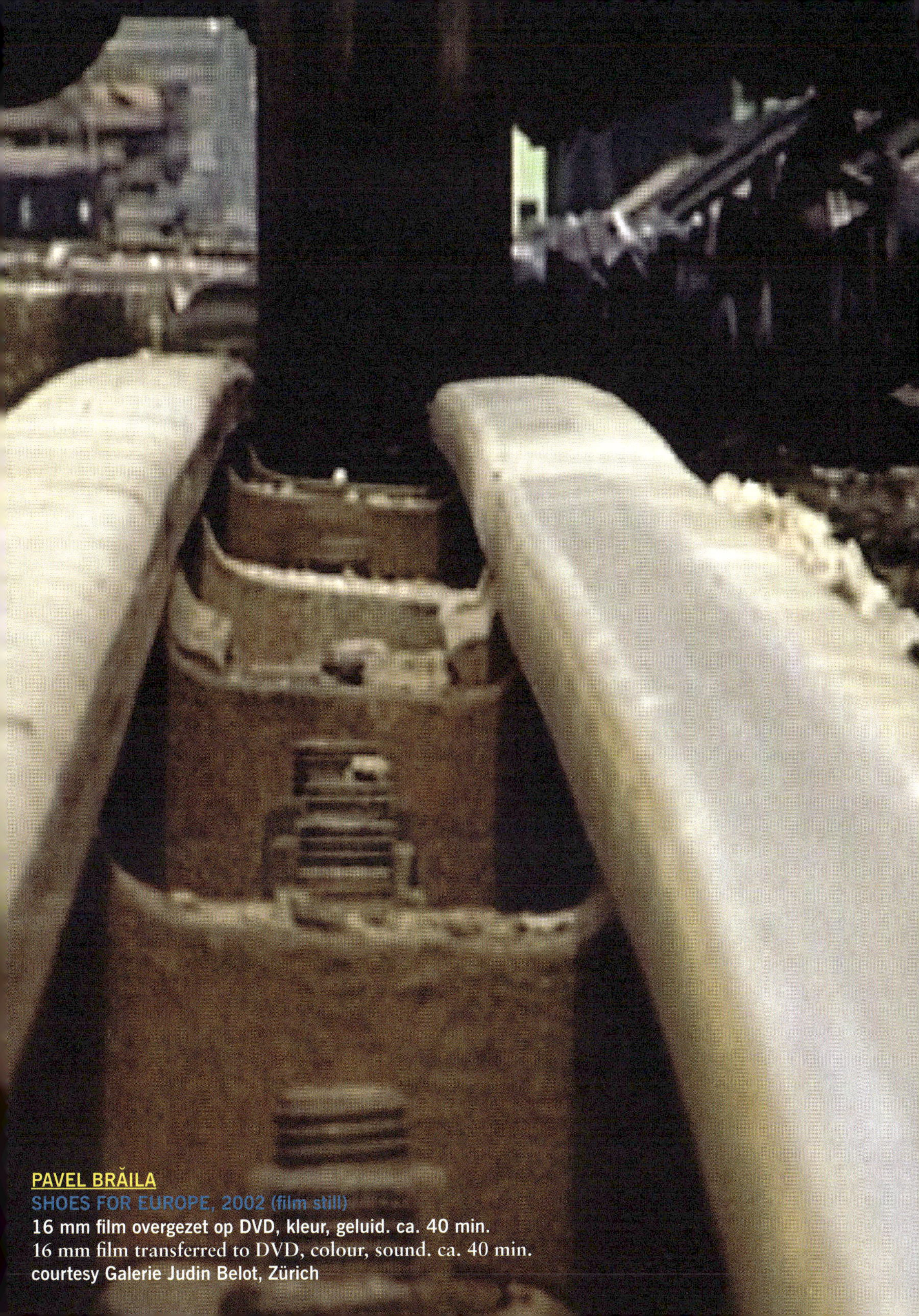

PAVEL BRĂILA
SHOES FOR EUROPE, 2002 (film still)
16 mm film overgezet op DVD, kleur, geluid. ca. 40 min.
16 mm film transferred to DVD, colour, sound. ca. 40 min.
courtesy Galerie Judin Belot, Zürich

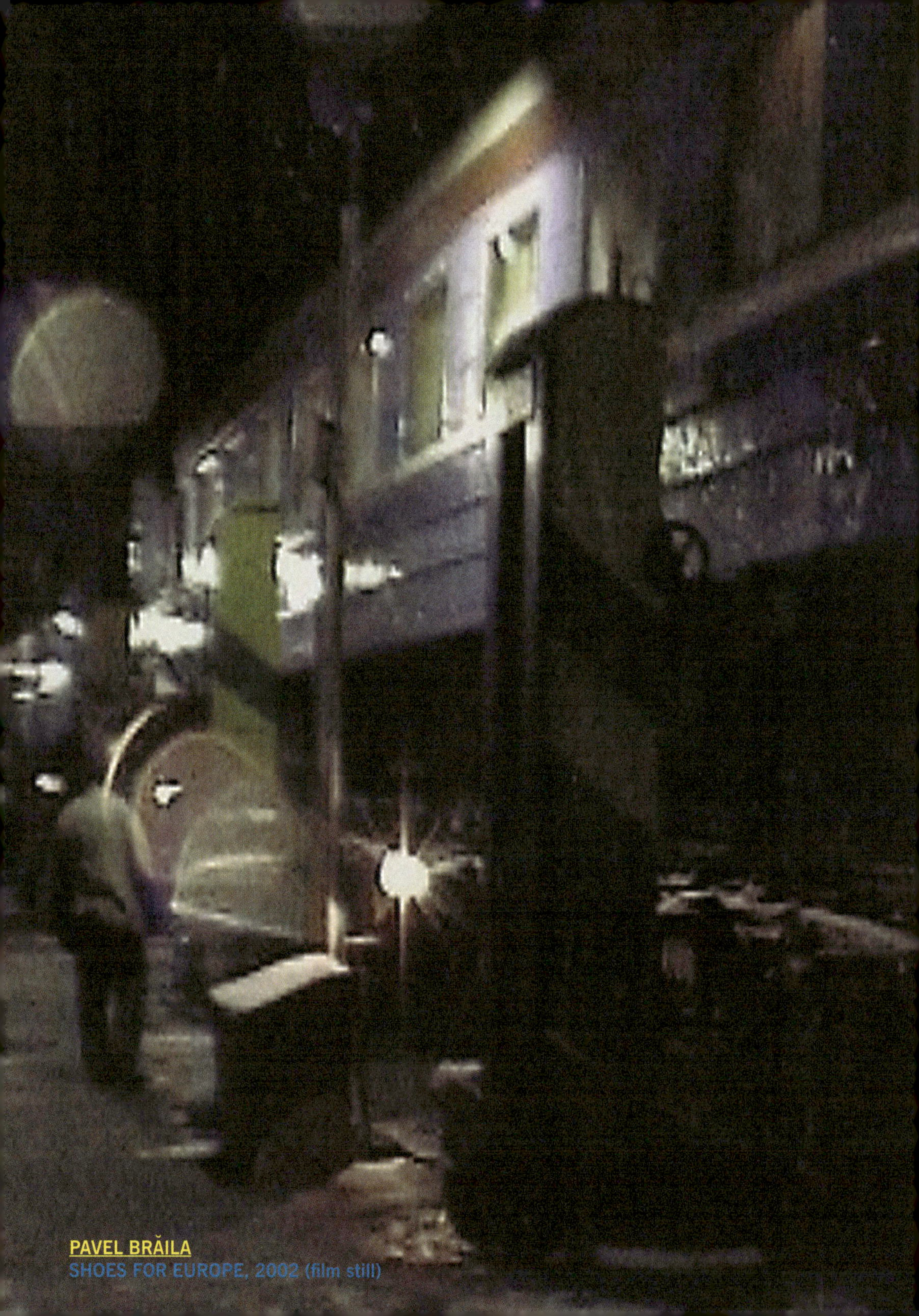
PAVEL BRĂILA
SHOES FOR EUROPE, 2002 (film still)

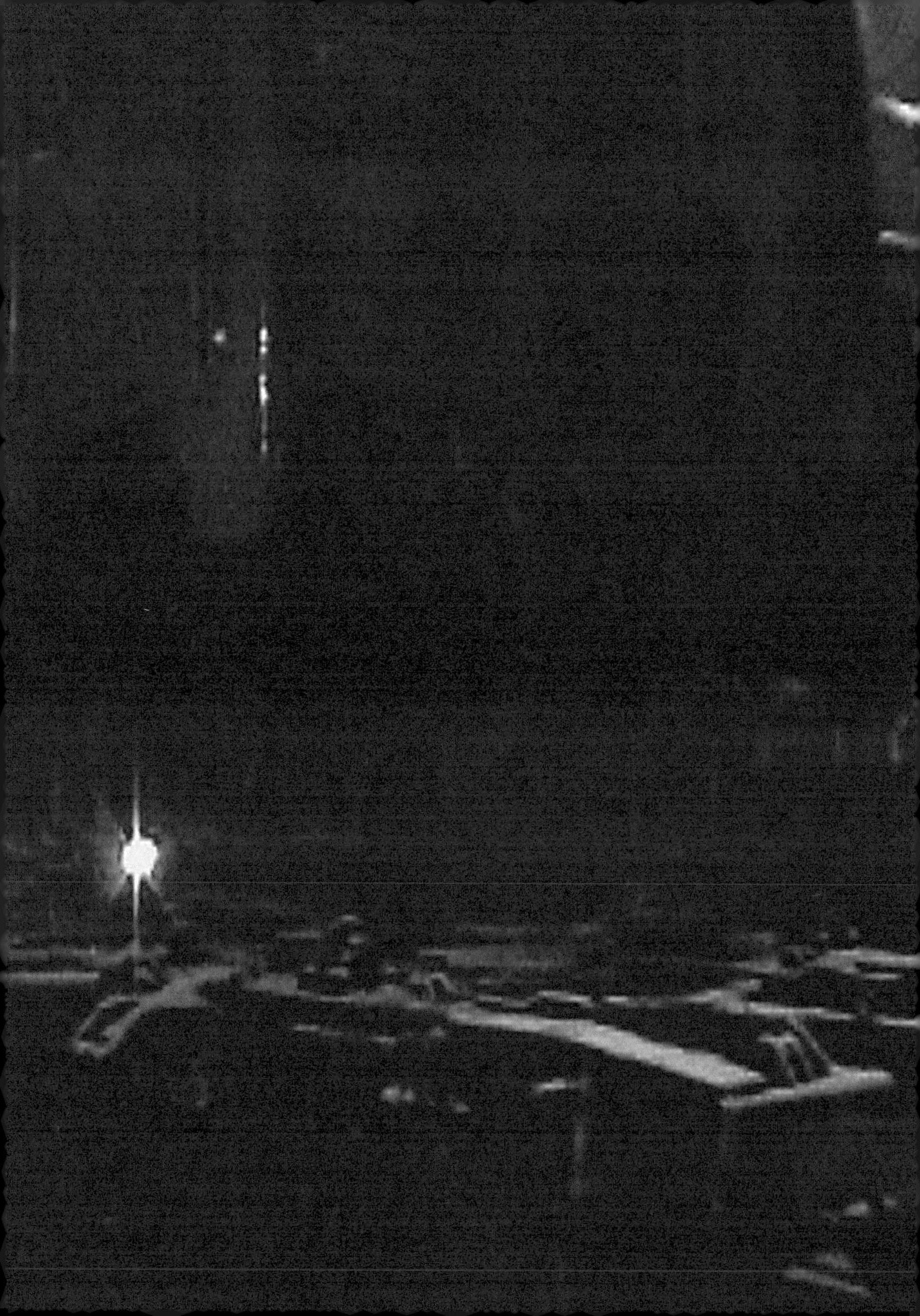

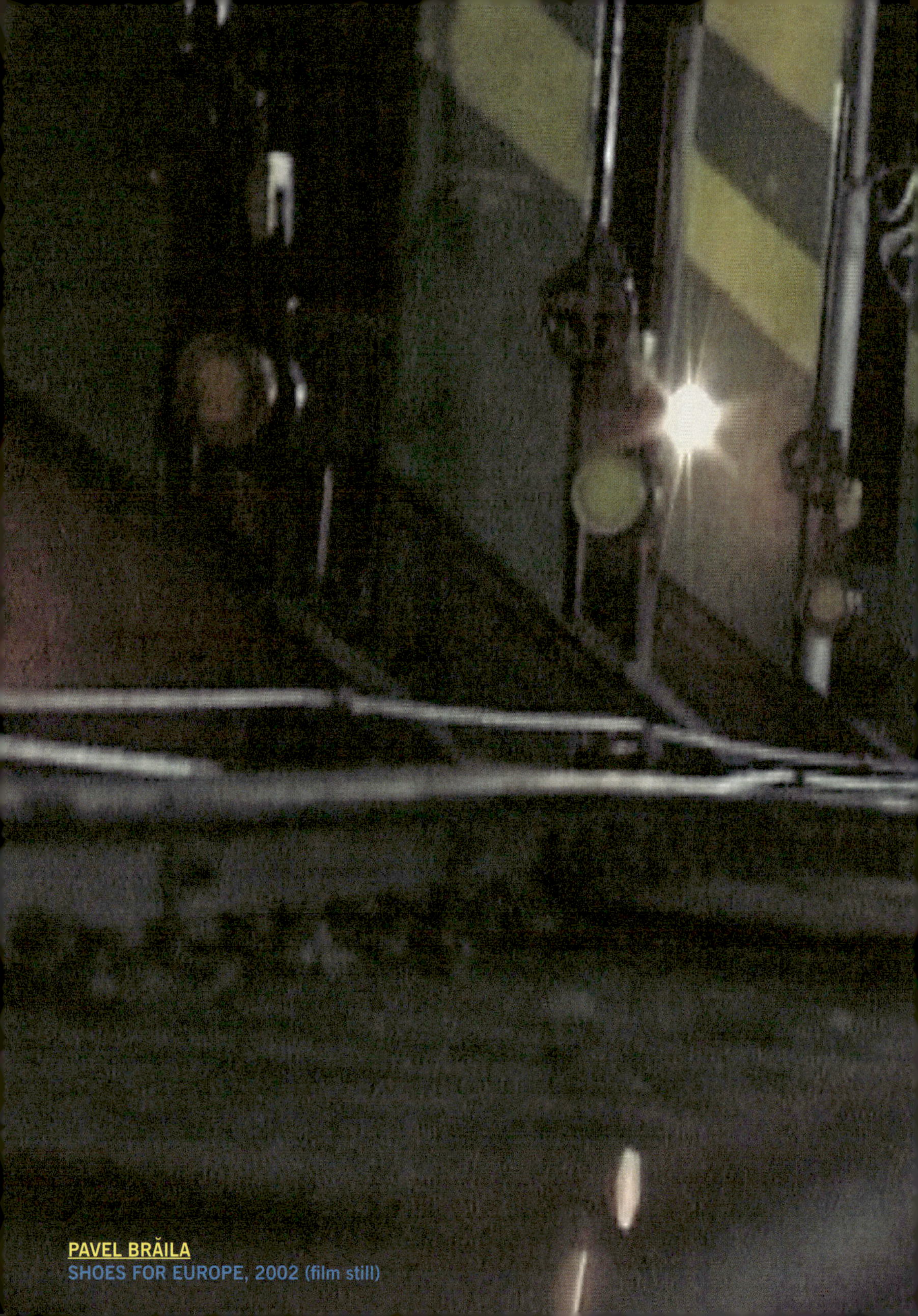
PAVEL BRĂILA
SHOES FOR EUROPE, 2002 (film still)

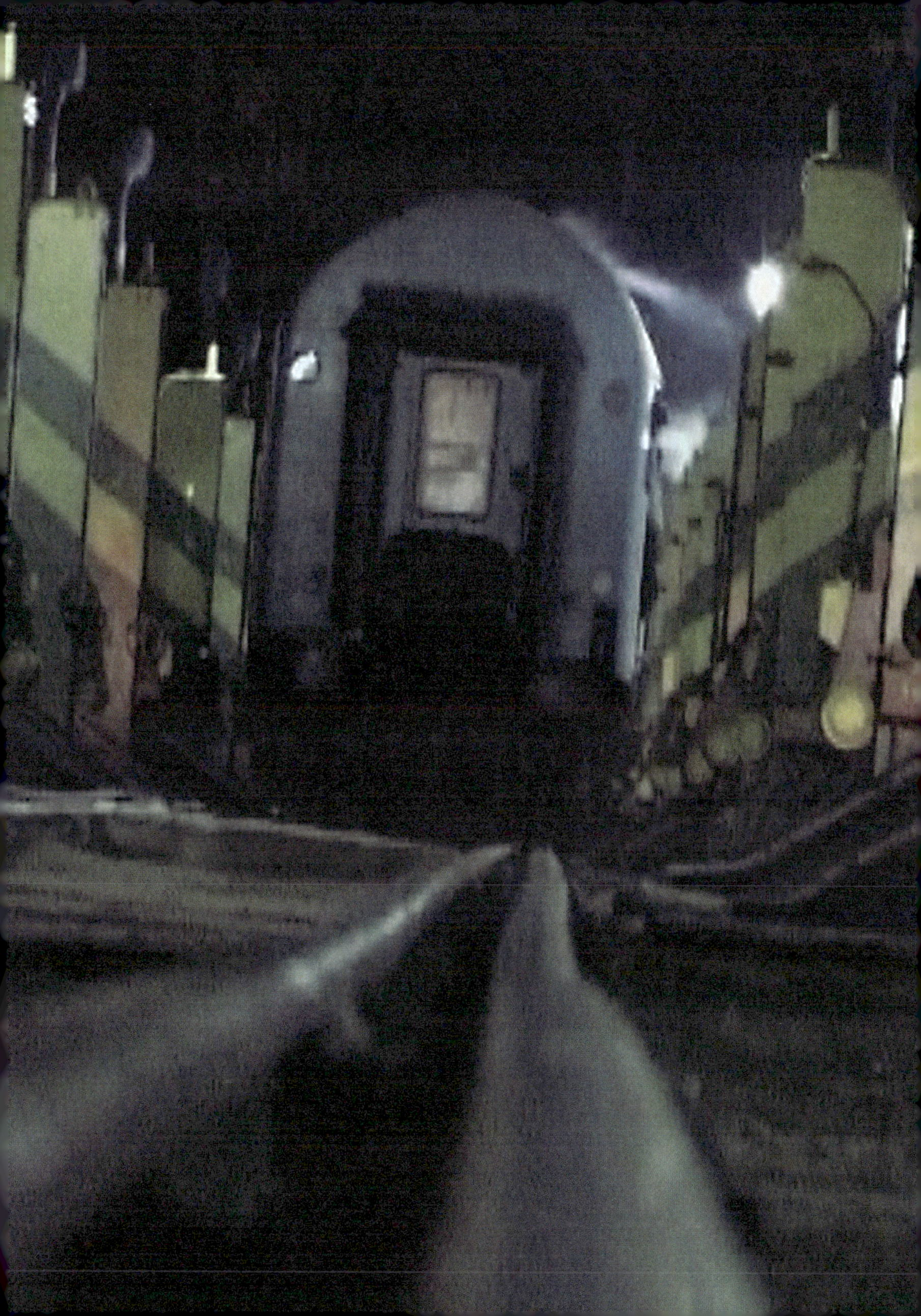

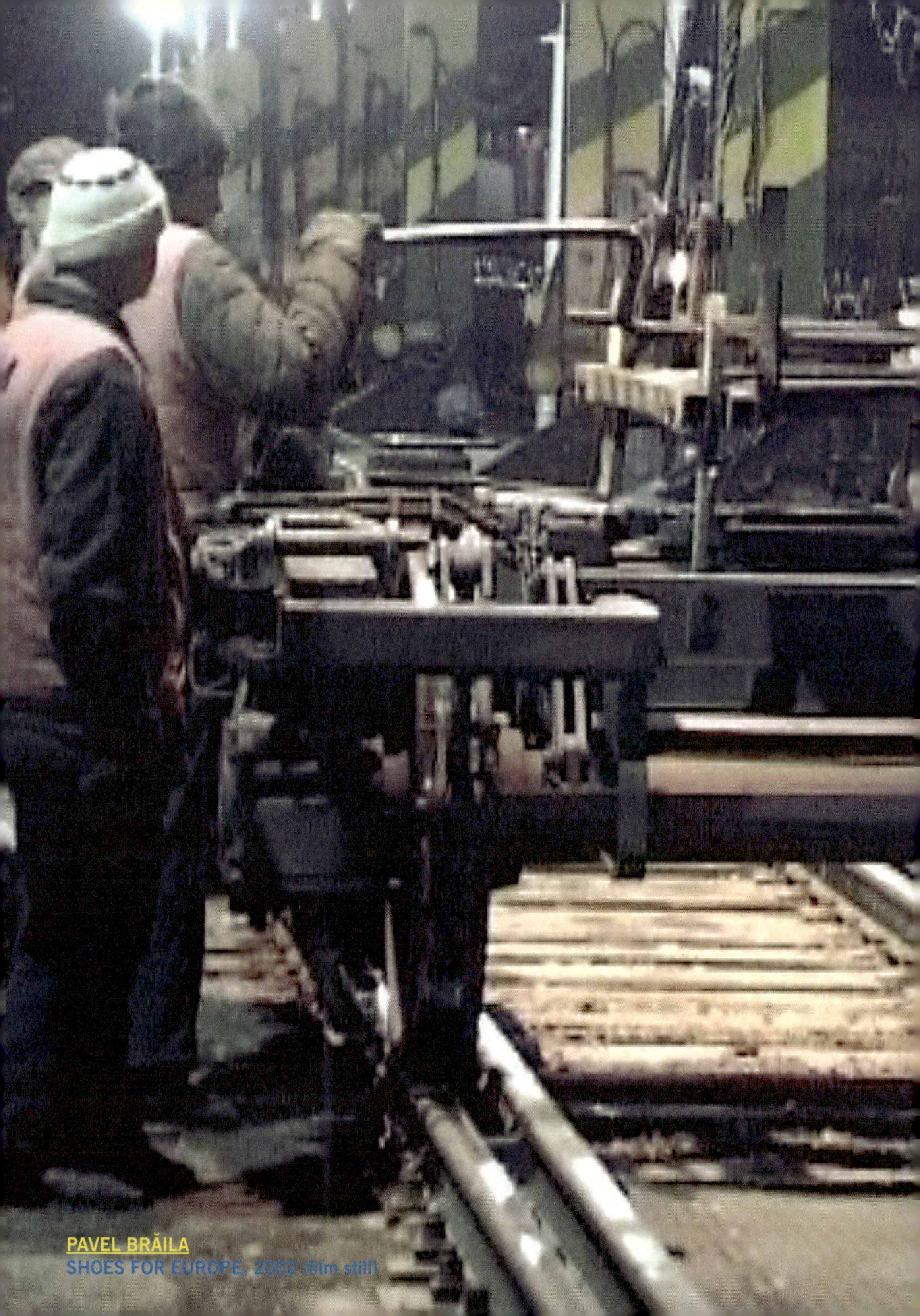
PAVEL BRĂILA
SHOES FOR EUROPE, 2002 (film still)

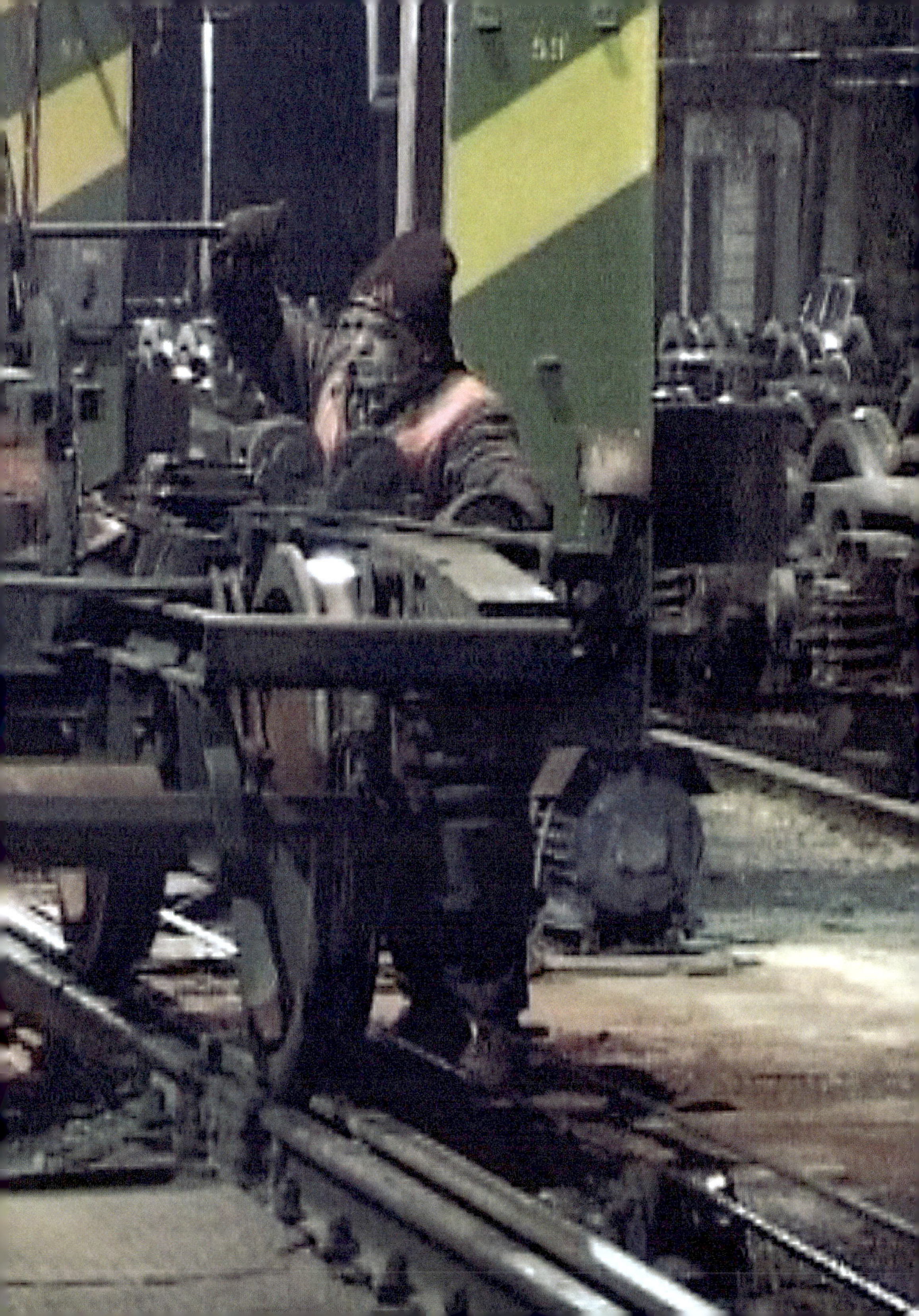

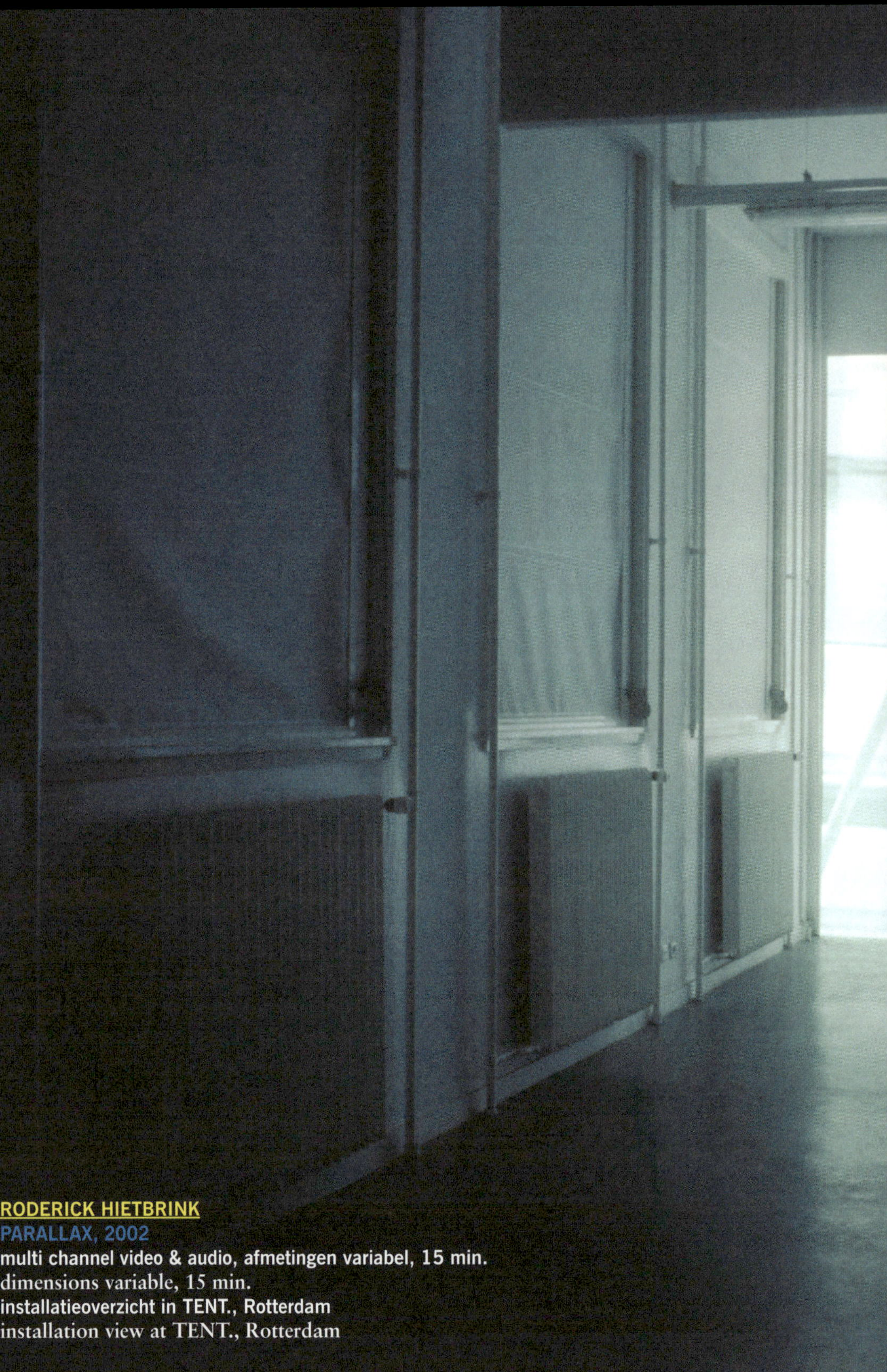

RODERICK HIETBRINK
PARALLAX, 2002
multi channel video & audio, afmetingen variabel, 15 min.
dimensions variable, 15 min.
installatieoverzicht in TENT., Rotterdam
installation view at TENT., Rotterdam

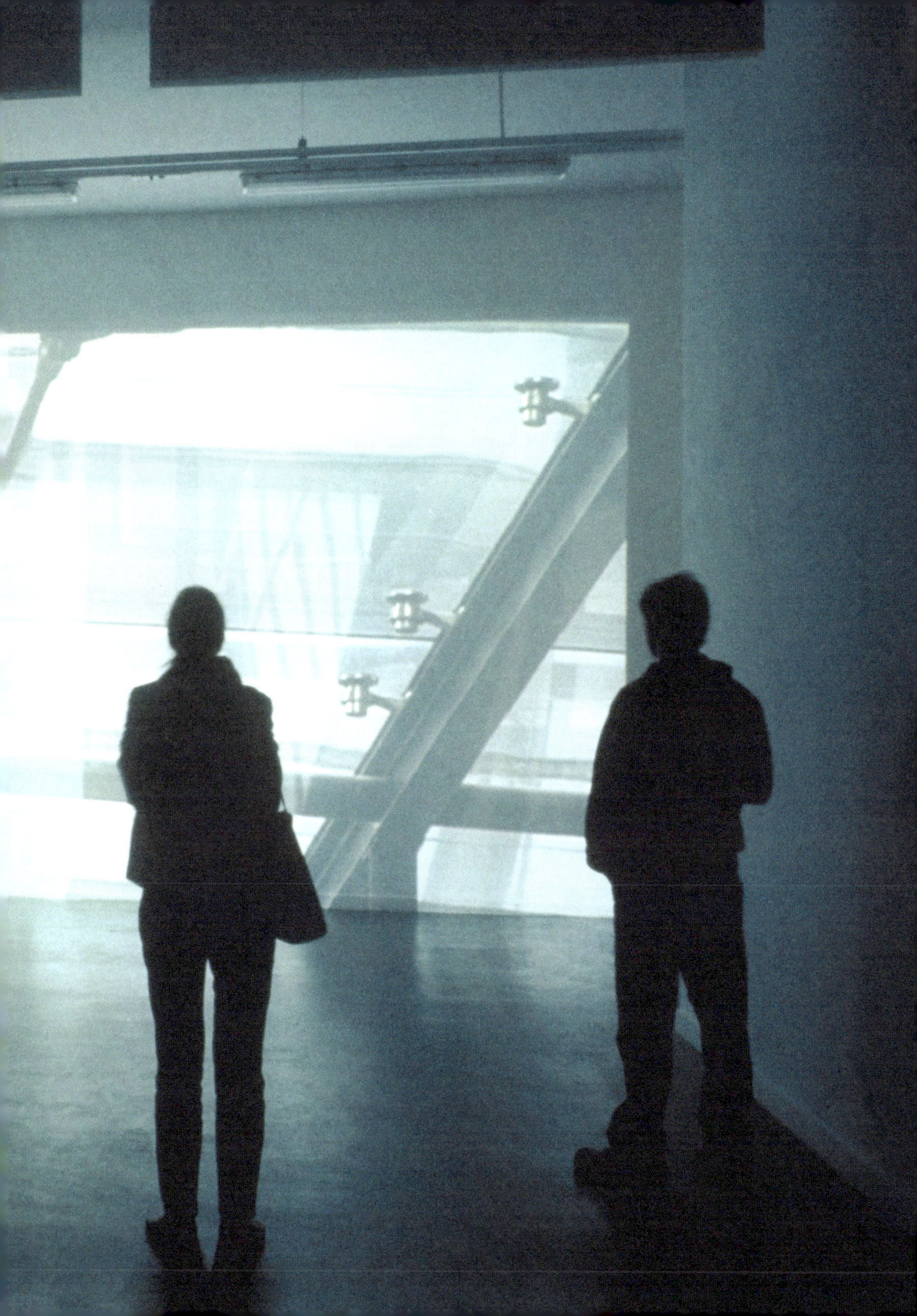

RODERICK HIETBRINK
PARALLAX, 2002 (video still)

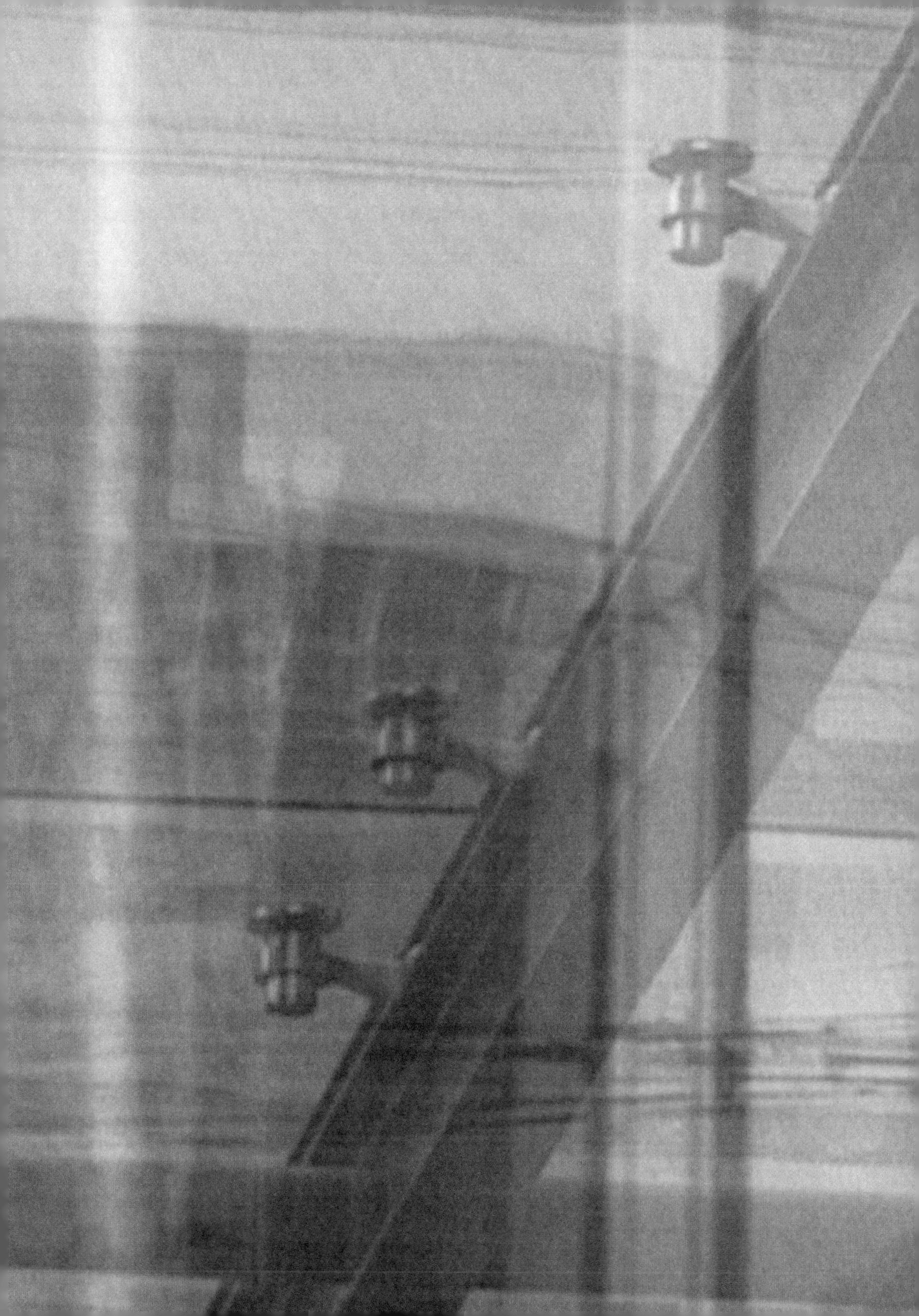

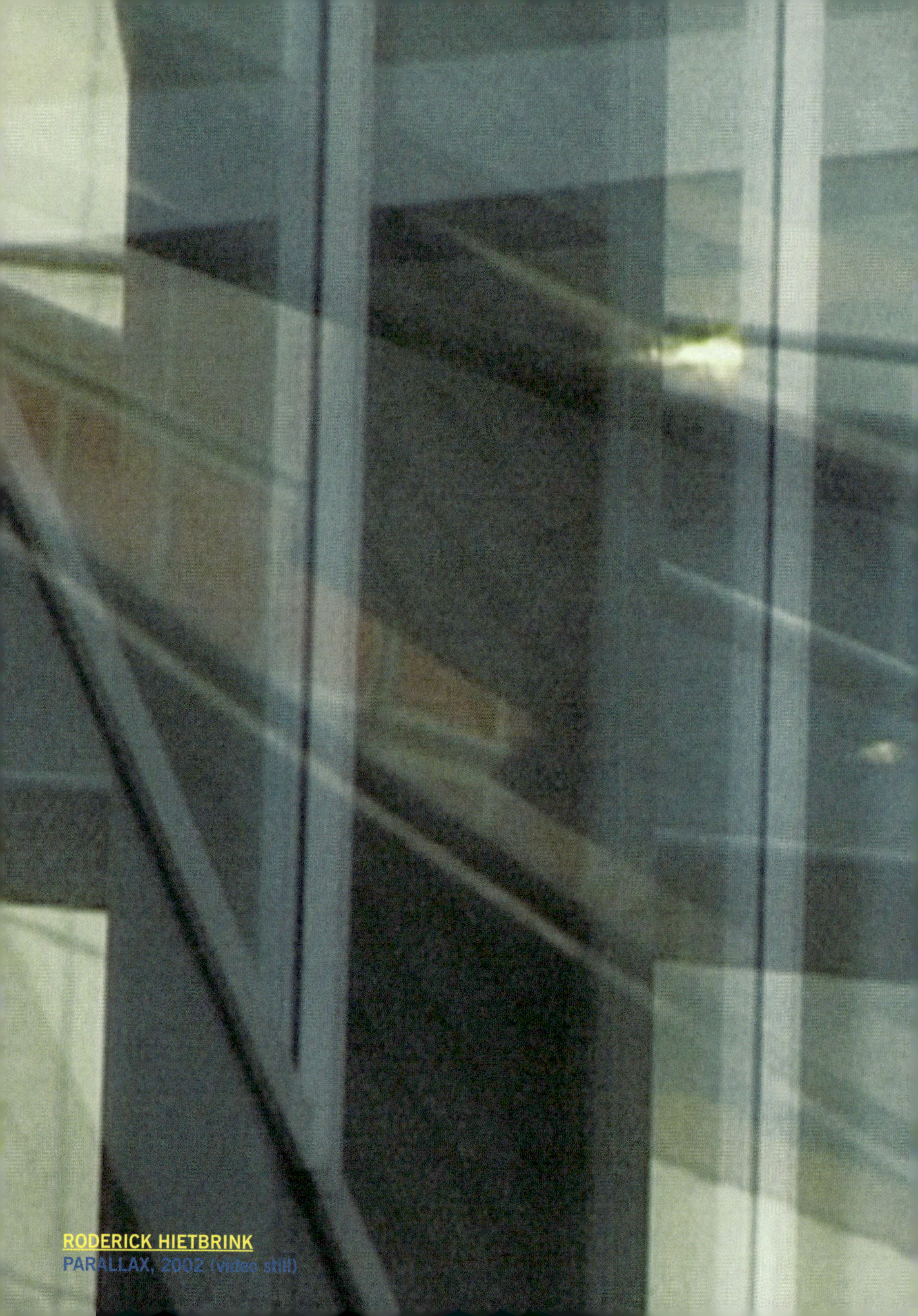

RODERICK HIETBRINK
PARALLAX, 2002 (video still)

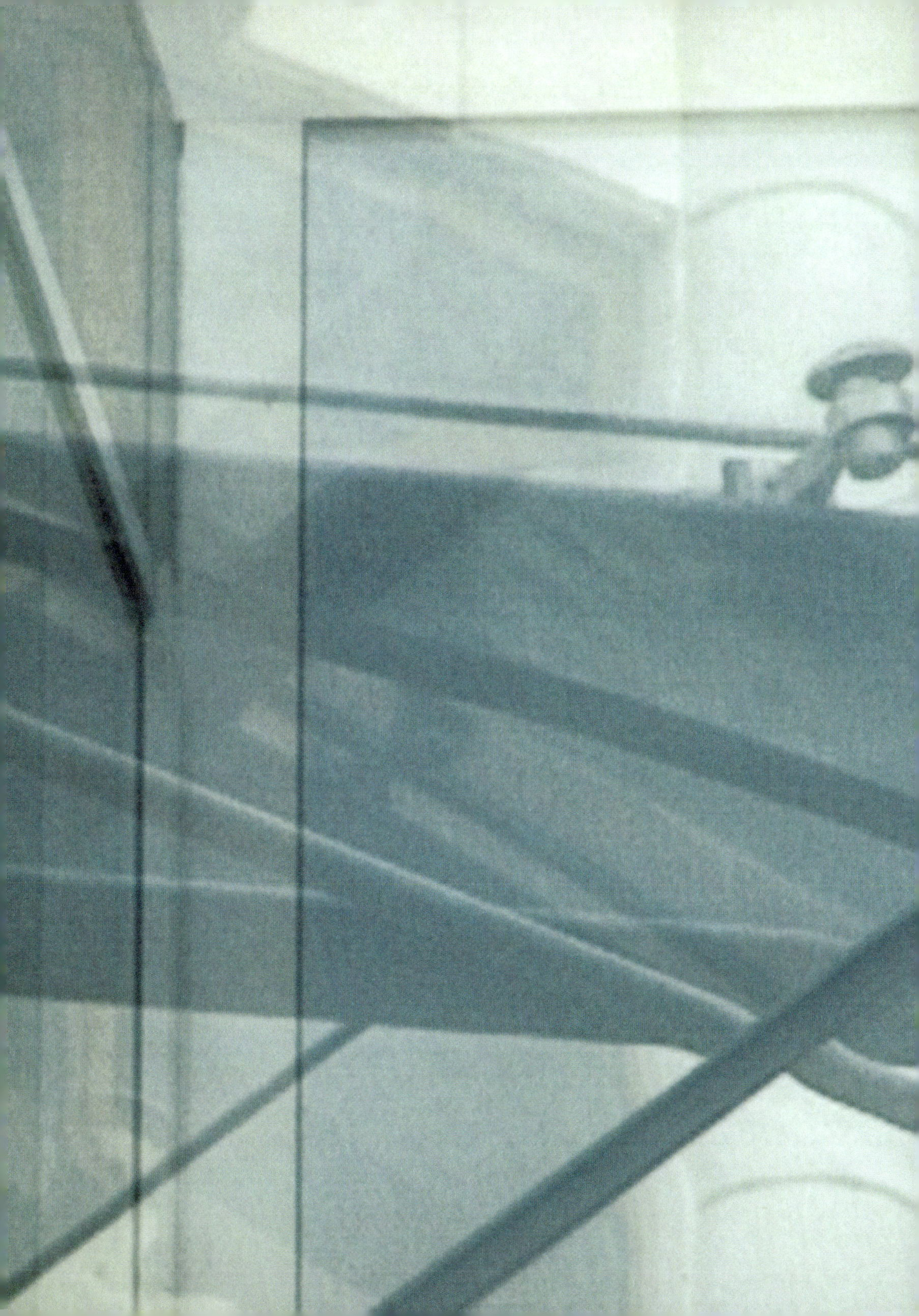

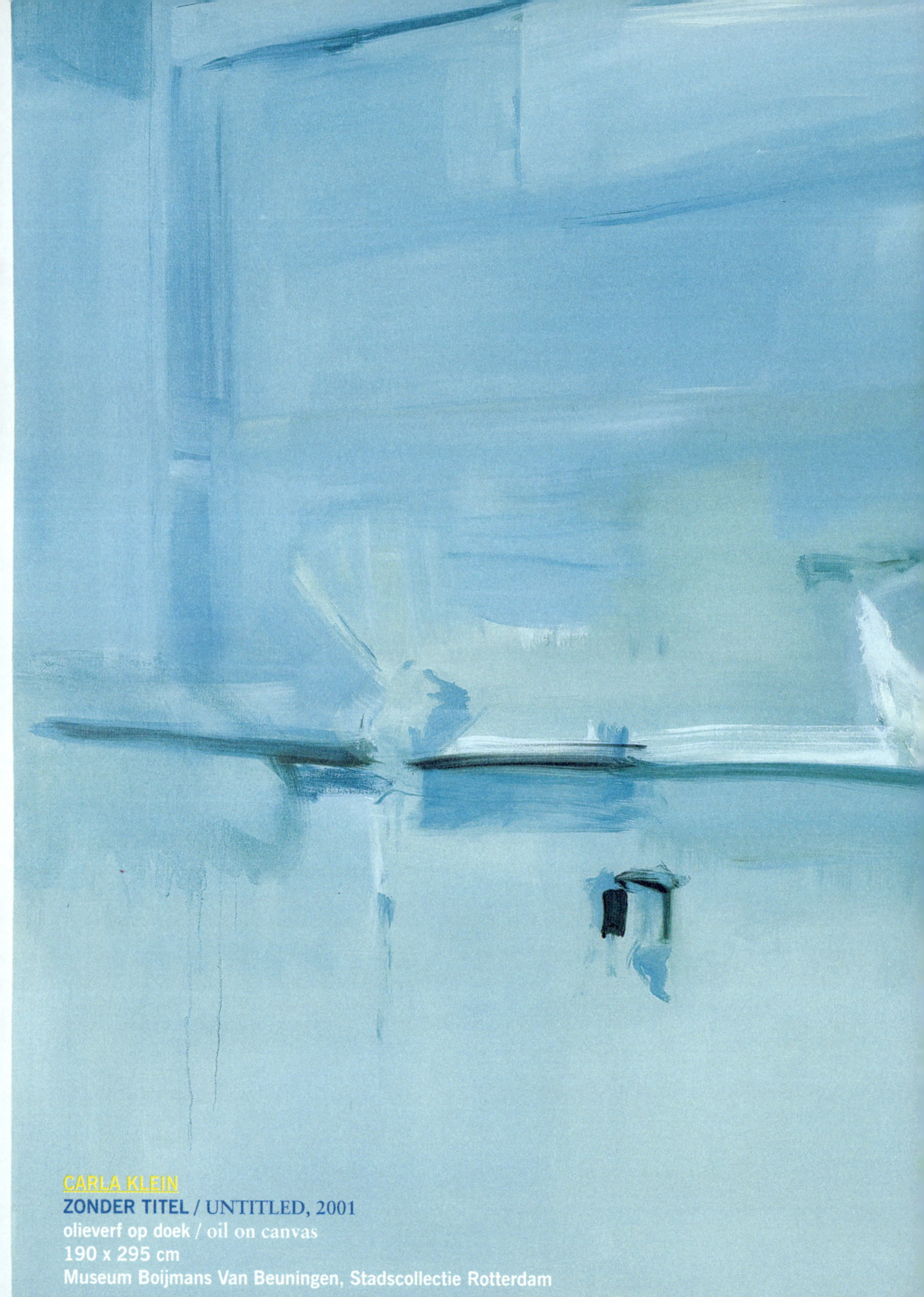

CARLA KLEIN
ZONDER TITEL / UNTITLED, 2001
olieverf op doek / oil on canvas
190 x 295 cm
Museum Boijmans Van Beuningen, Stadscollectie Rotterdam

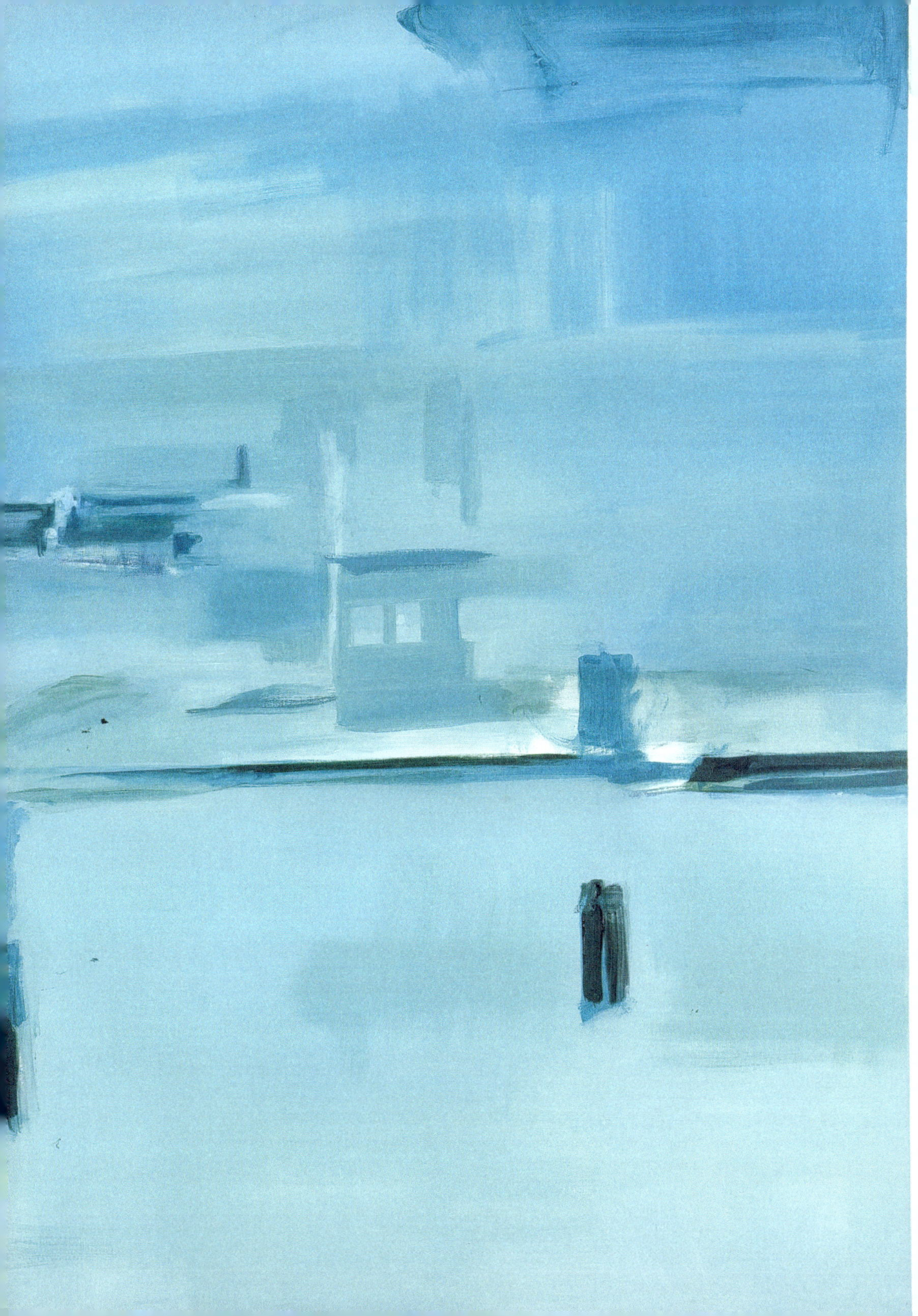

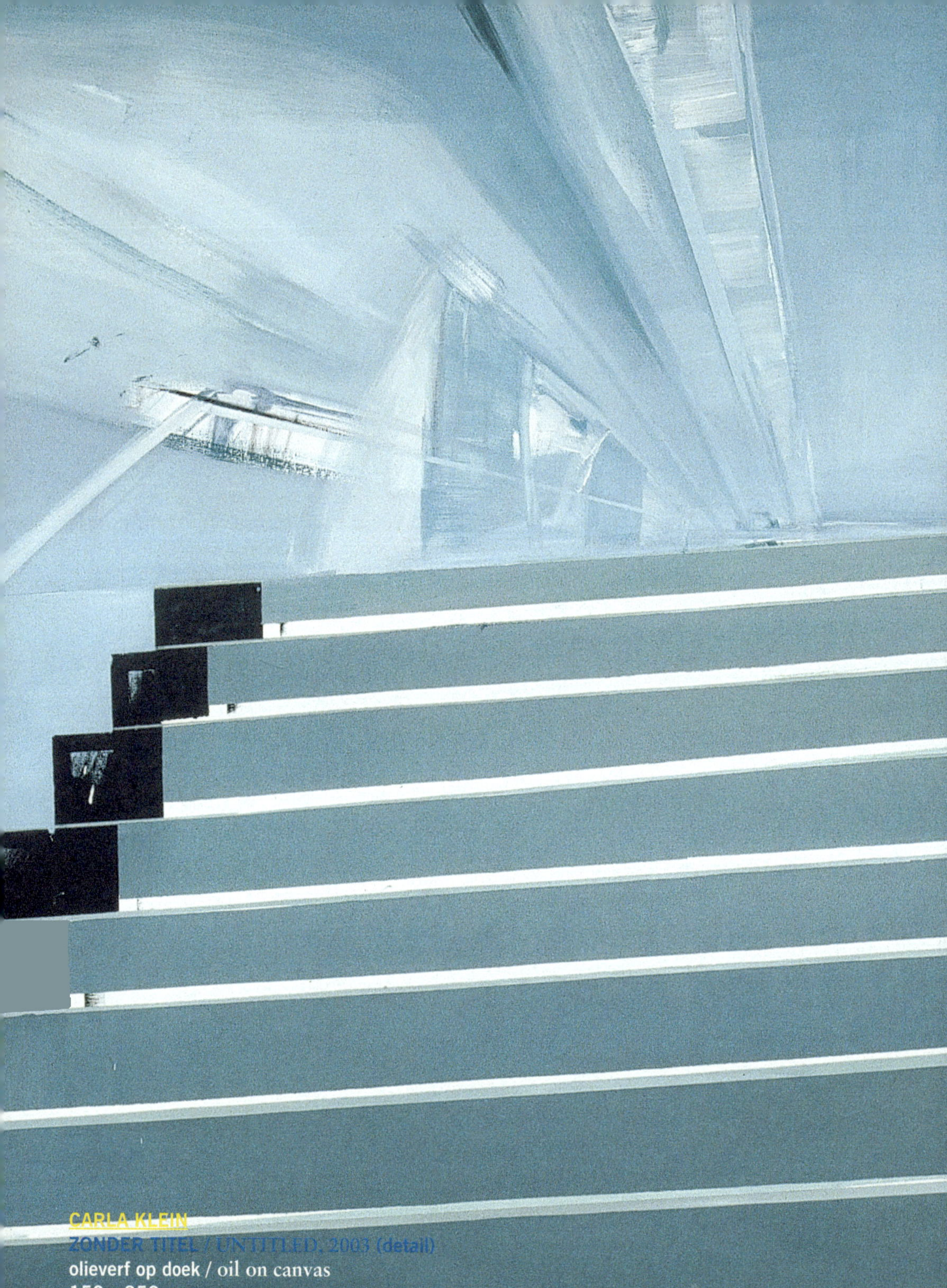

CARLA KLEIN
ZONDER TITEL / UNTITLED, 2003 (detail)
olieverf op doek / oil on canvas
150 x 350 cm
privé-collectie/private collection, courtesy Tanya Bonakdar Gallery, New York

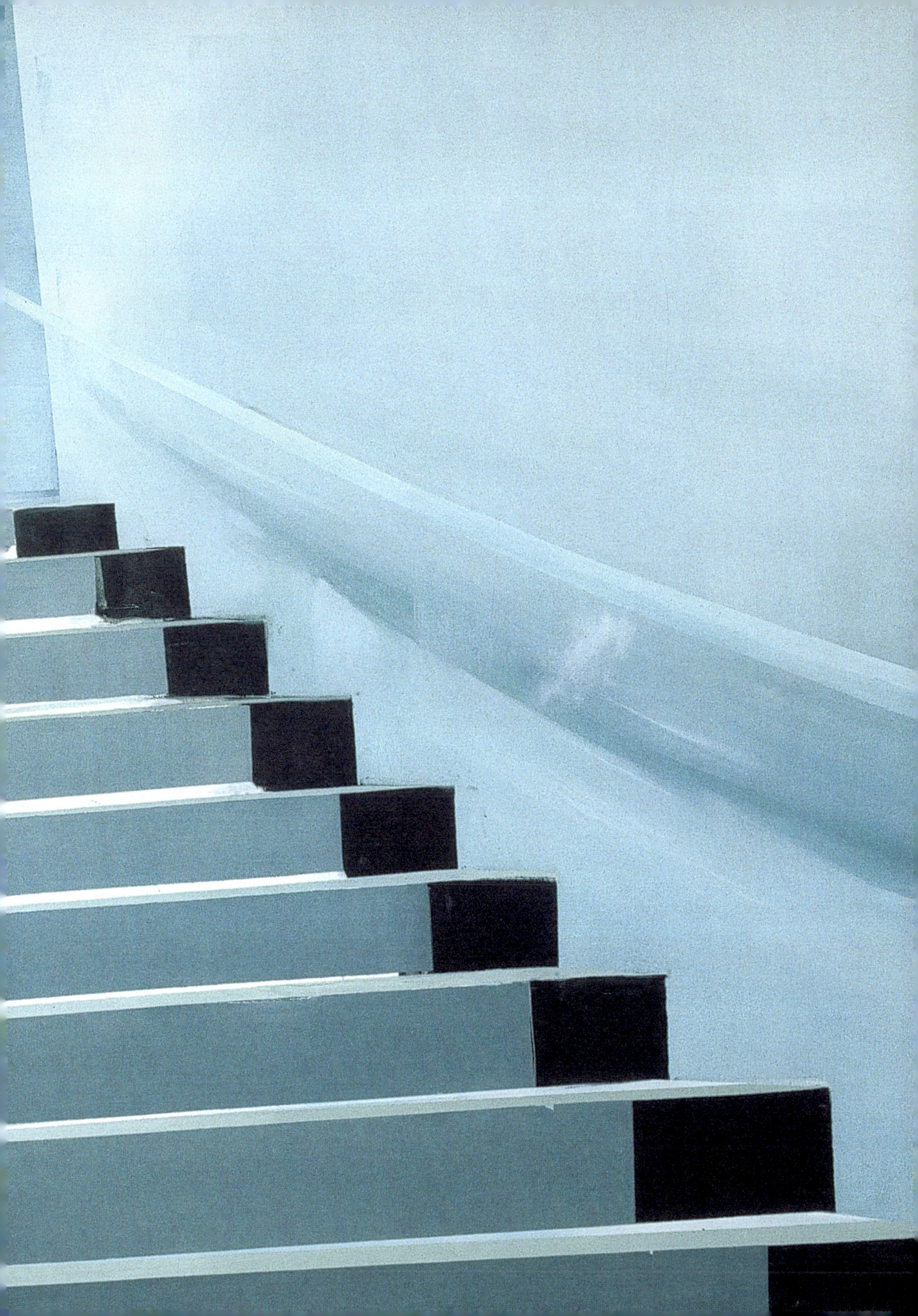

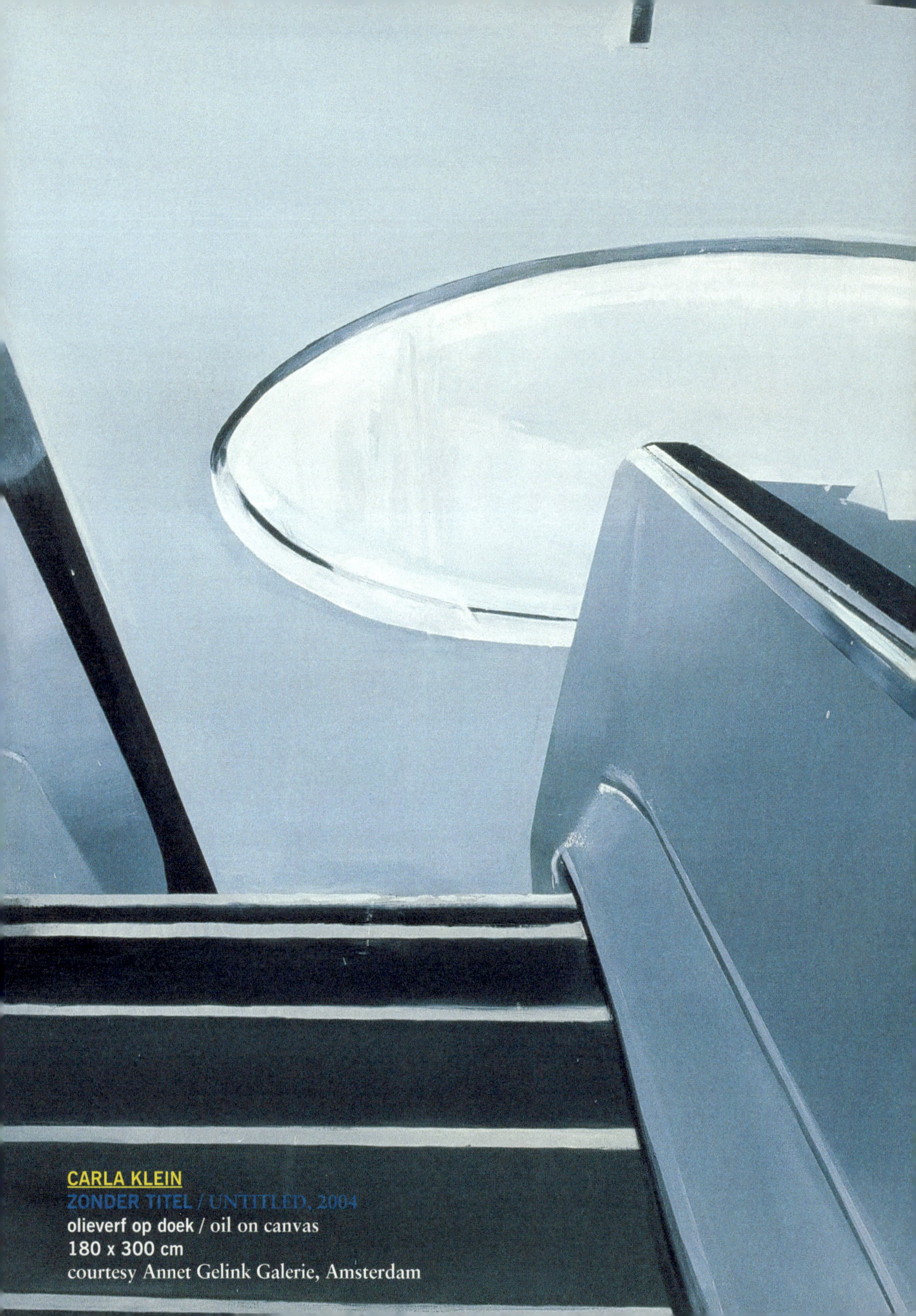

CARLA KLEIN
ZONDER TITEL / UNTITLED, 2004
olieverf op doek / oil on canvas
180 x 300 cm
courtesy Annet Gelink Galerie, Amsterdam

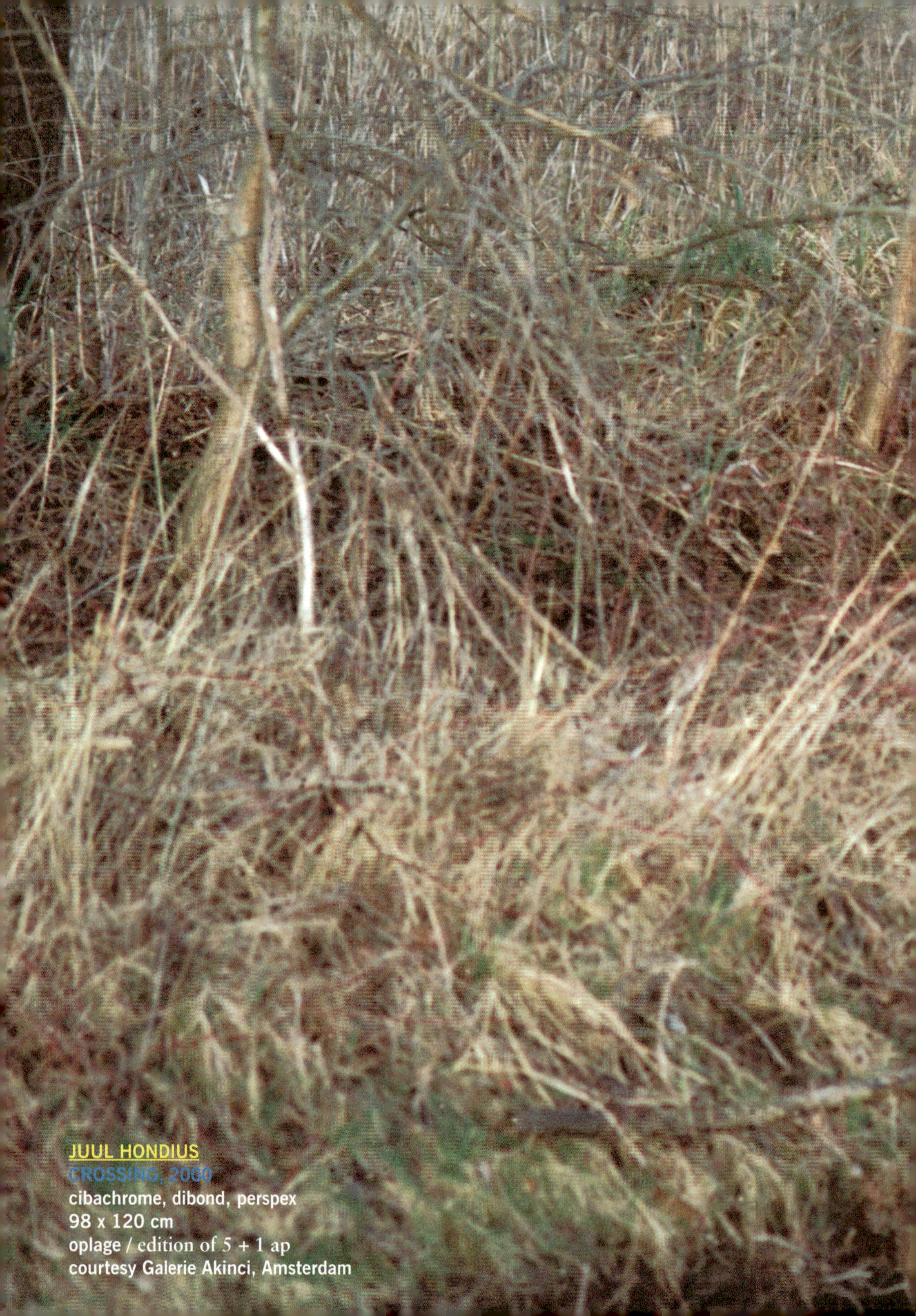

JUUL HONDIUS
CROSSING, 2000
cibachrome, dibond, perspex
98 x 120 cm
oplage / edition of 5 + 1 ap
courtesy Galerie Akinci, Amsterdam

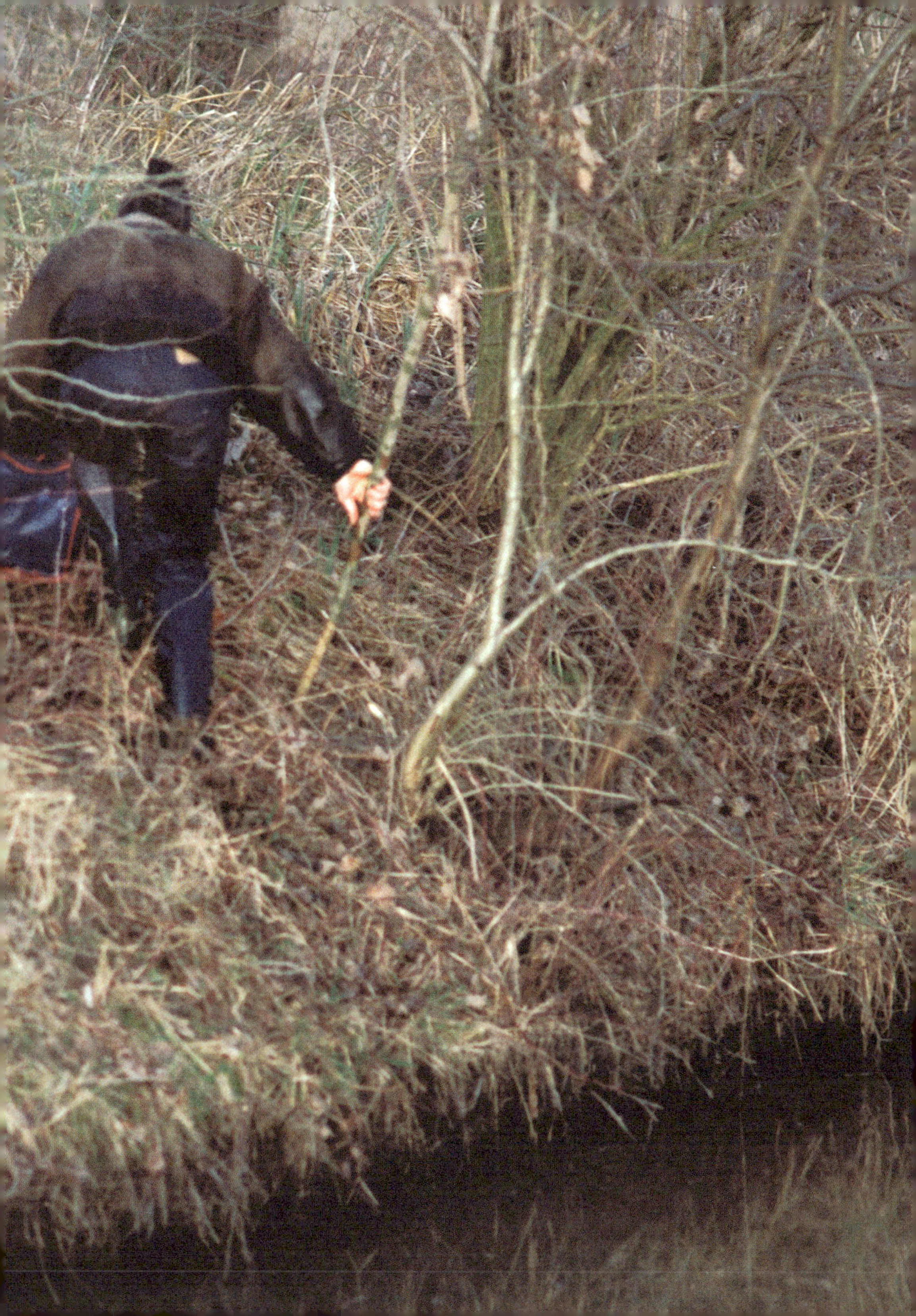

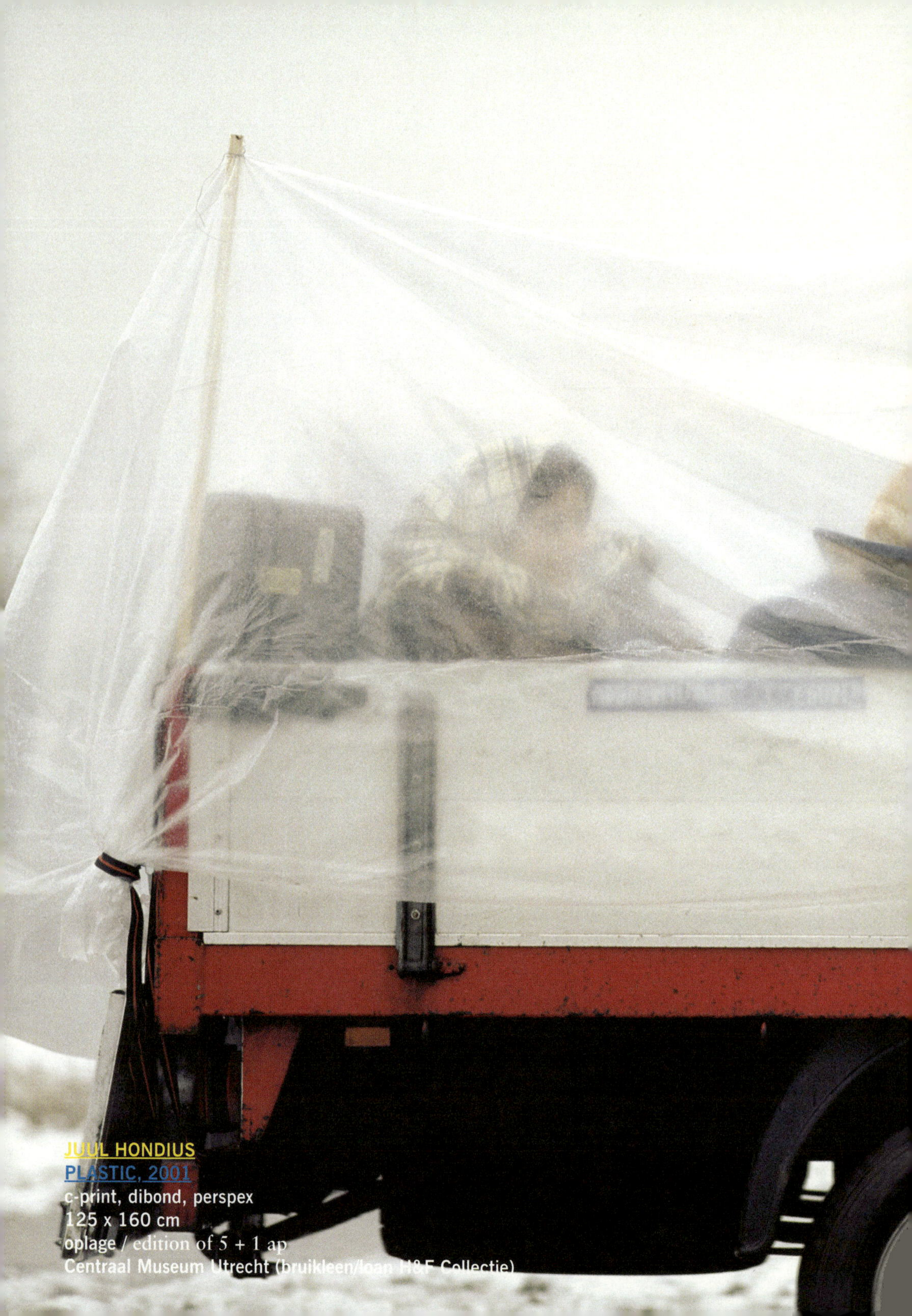

JUUL HONDIUS
PLASTIC, 2001
c-print, dibond, perspex
125 x 160 cm
oplage / edition of 5 + 1 ap
Centraal Museum Utrecht (bruikleen/loan H&F Collectie)

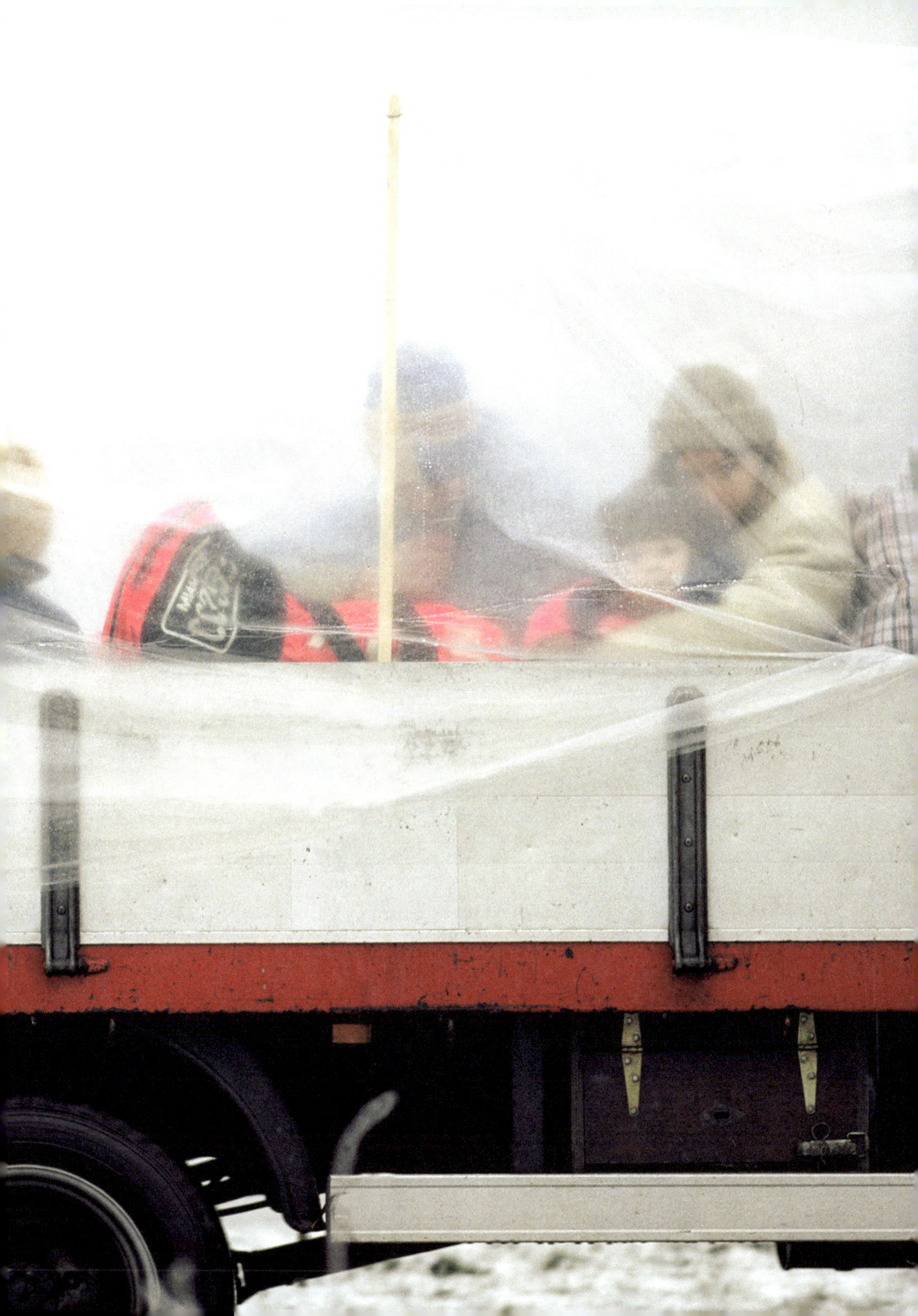

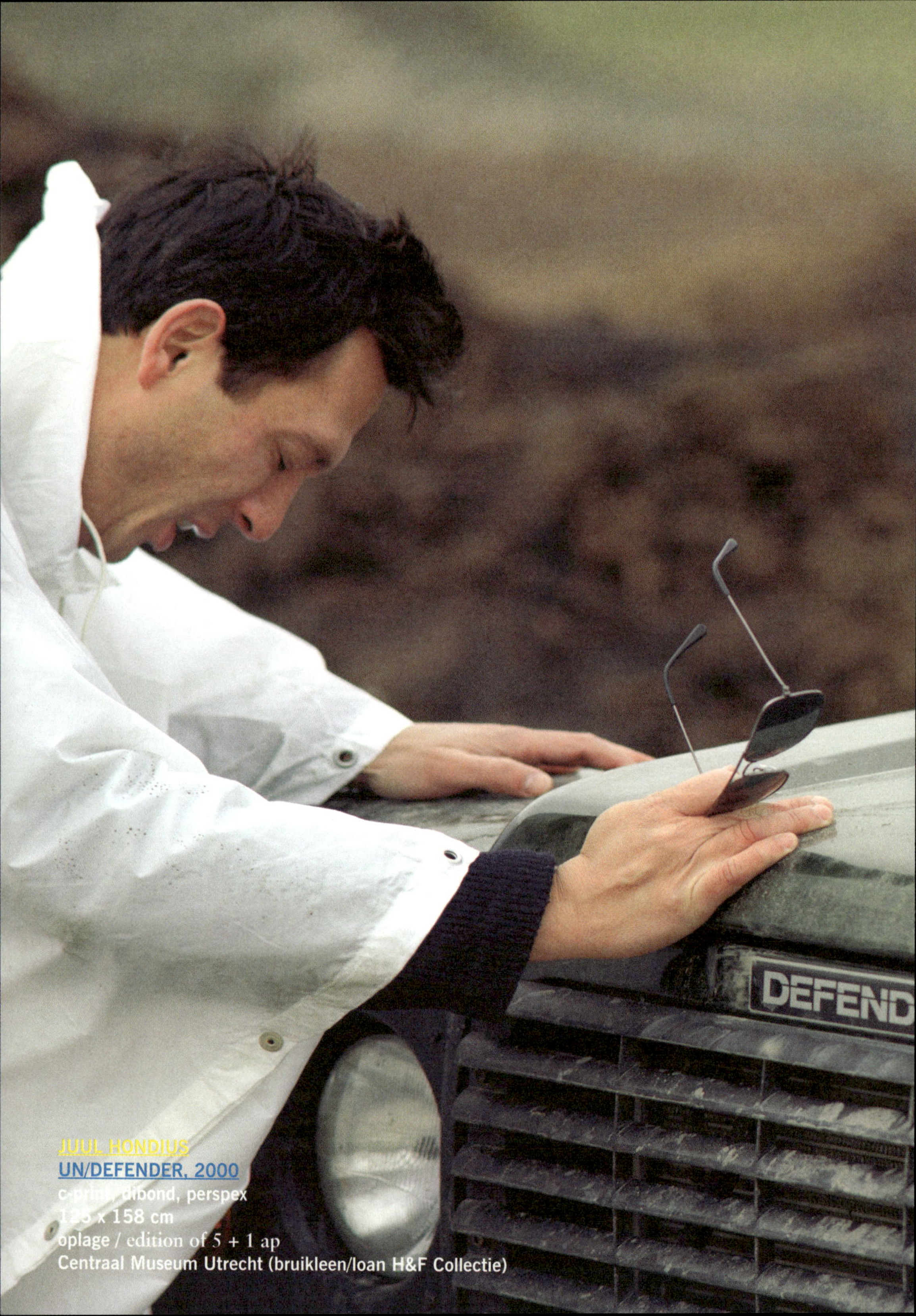

JUUL HONDIUS
UN/DEFENDER, 2000
c-print, dibond, perspex
125 x 158 cm
oplage / edition of 5 + 1 ap
Centraal Museum Utrecht (bruikleen/loan H&F Collectie)

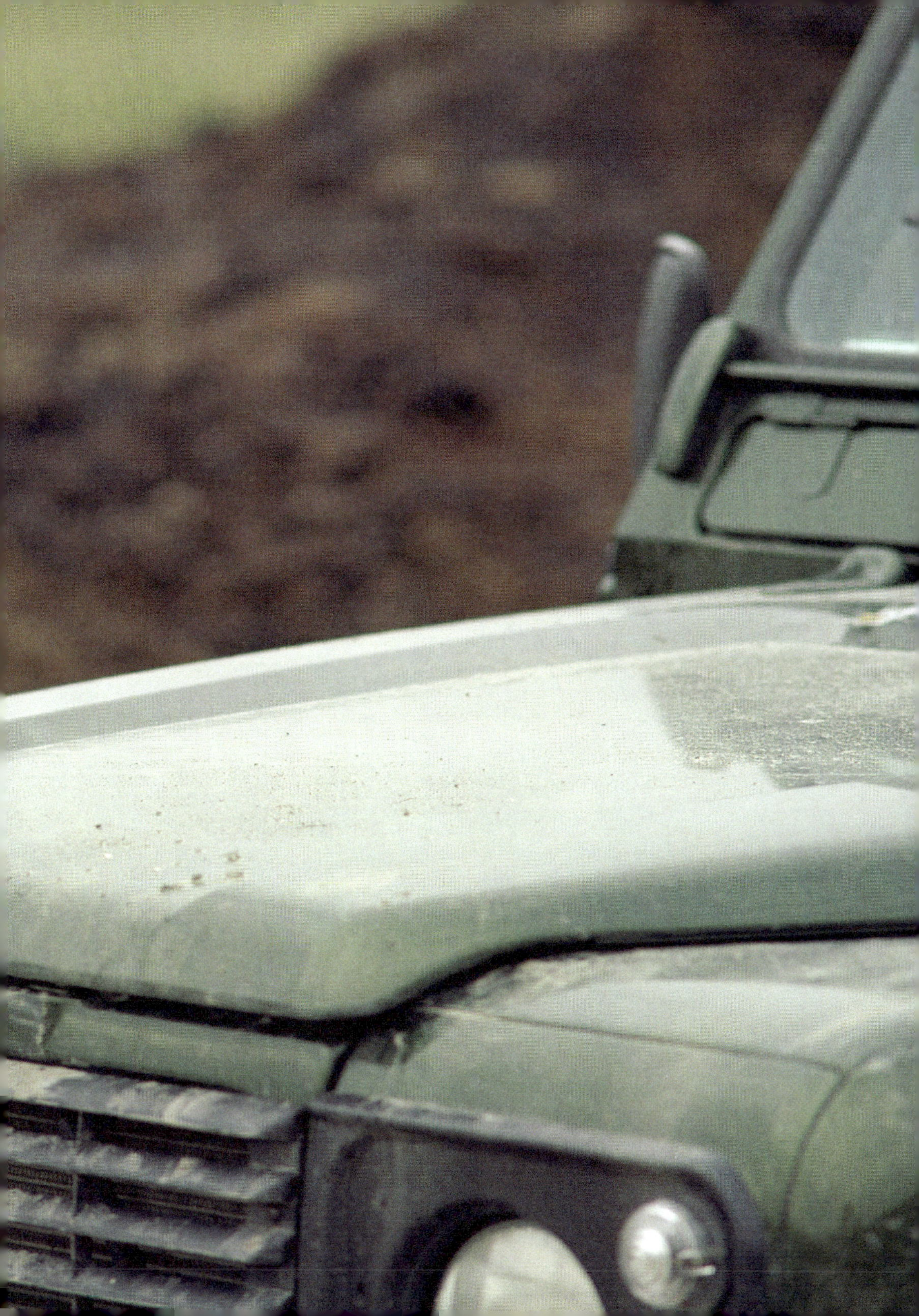

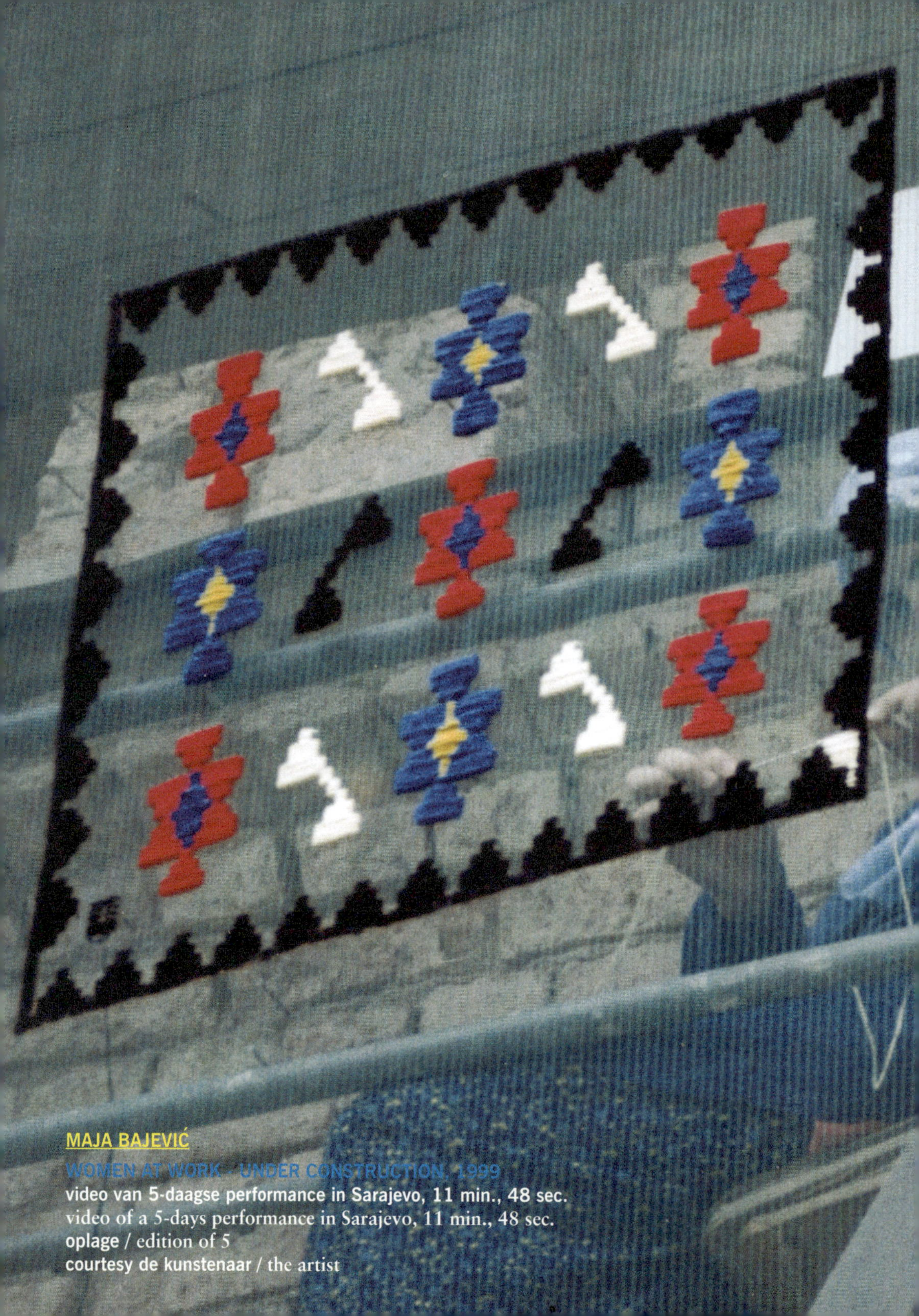

MAJA BAJEVIĆ
WOMEN AT WORK - UNDER CONSTRUCTION, 1999
video van 5-daagse performance in Sarajevo, 11 min., 48 sec.
video of a 5-days performance in Sarajevo, 11 min., 48 sec.
oplage / edition of 5
courtesy de kunstenaar / the artist

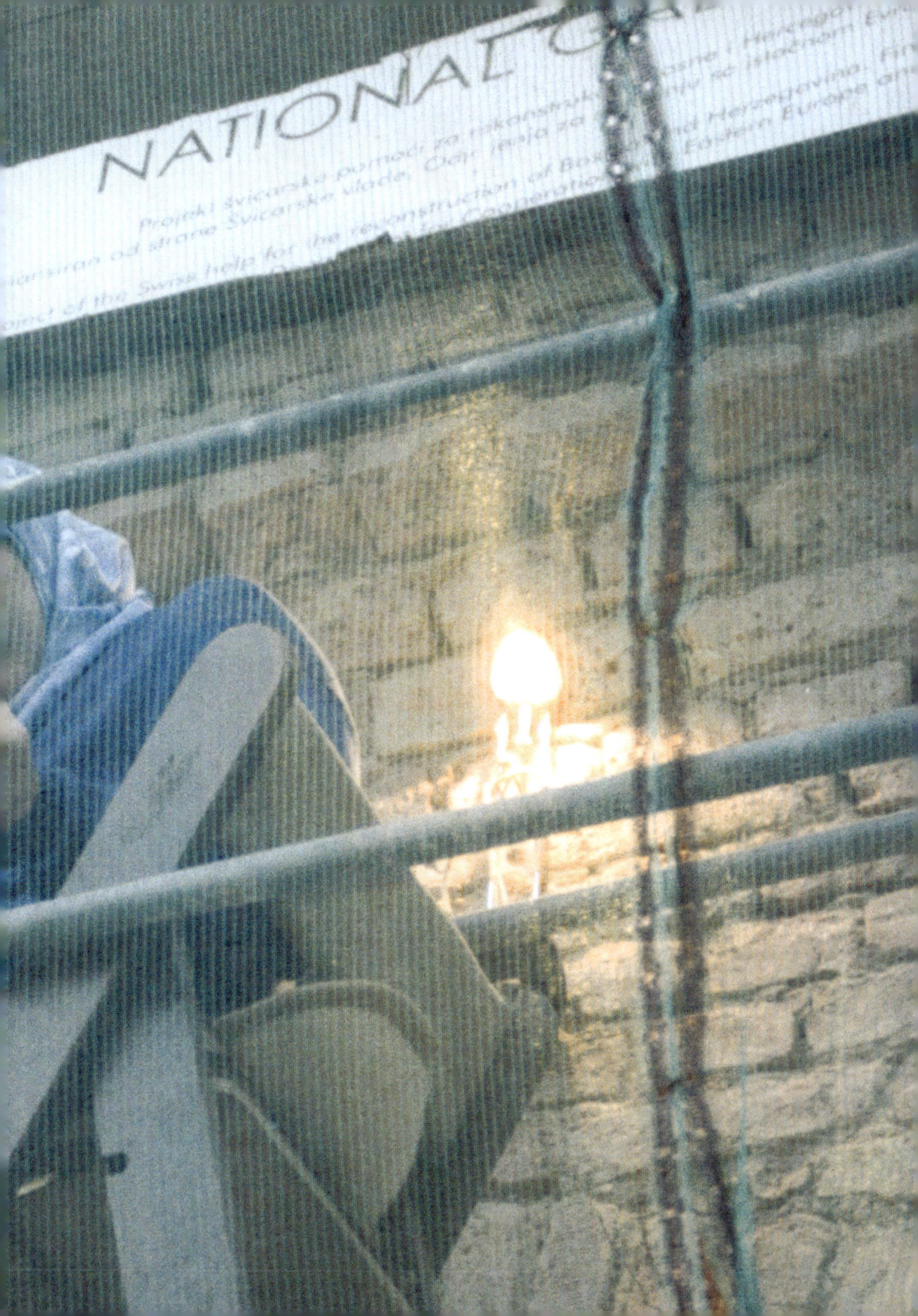

NATIONAL

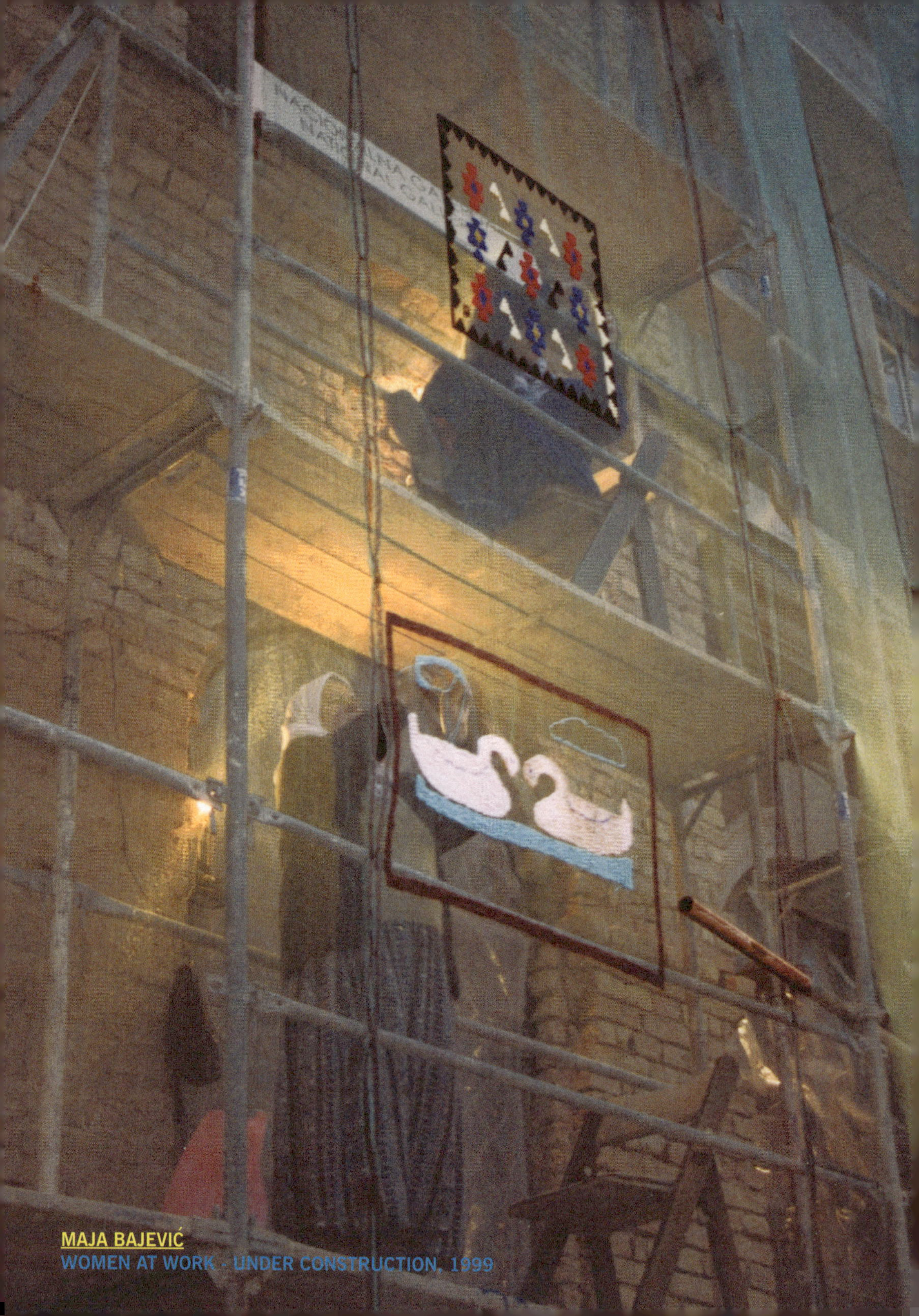
MAJA BAJEVIĆ
WOMEN AT WORK - UNDER CONSTRUCTION, 1999

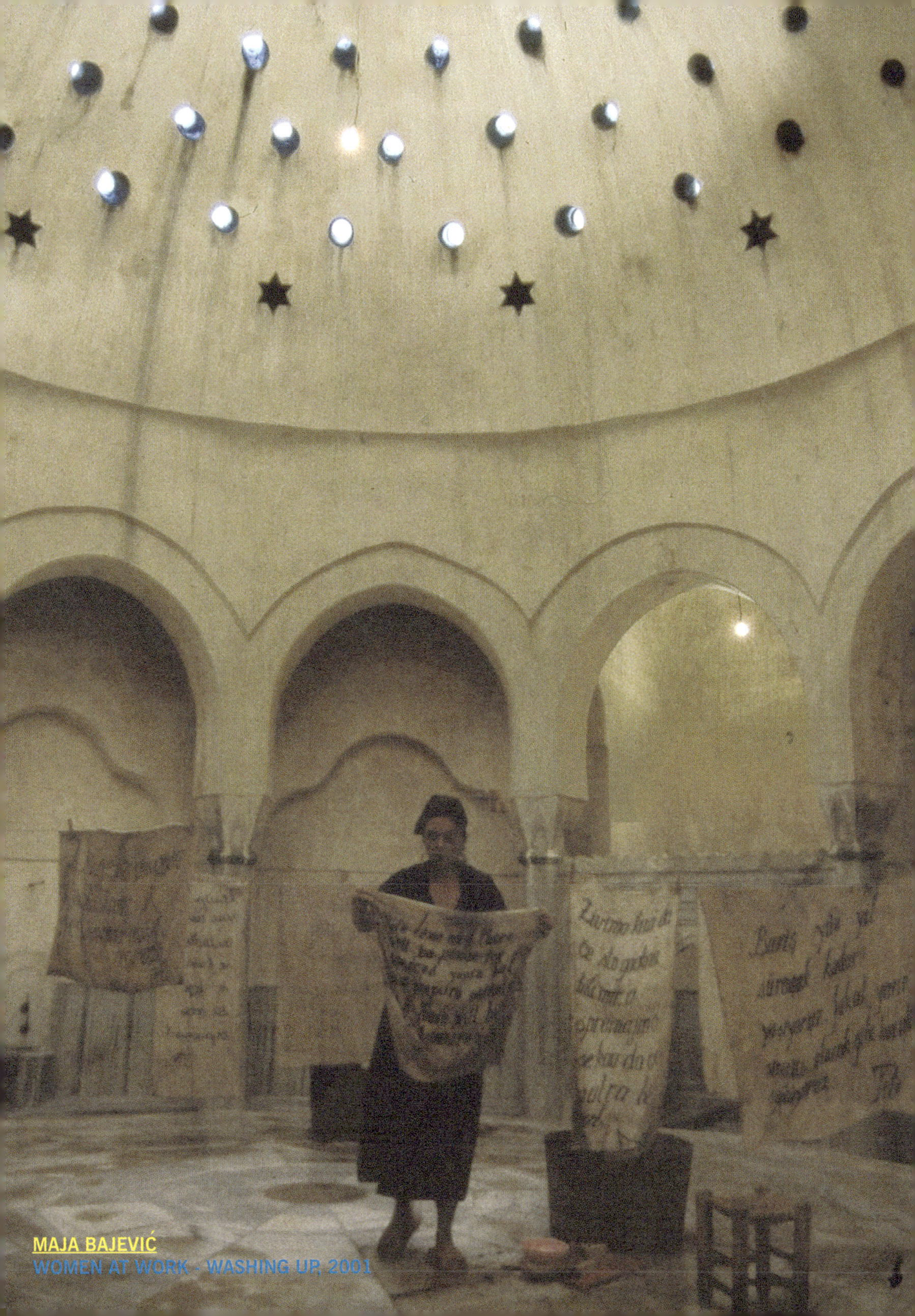
MAJA BAJEVIĆ
WOMEN AT WORK - WASHING UP, 2001

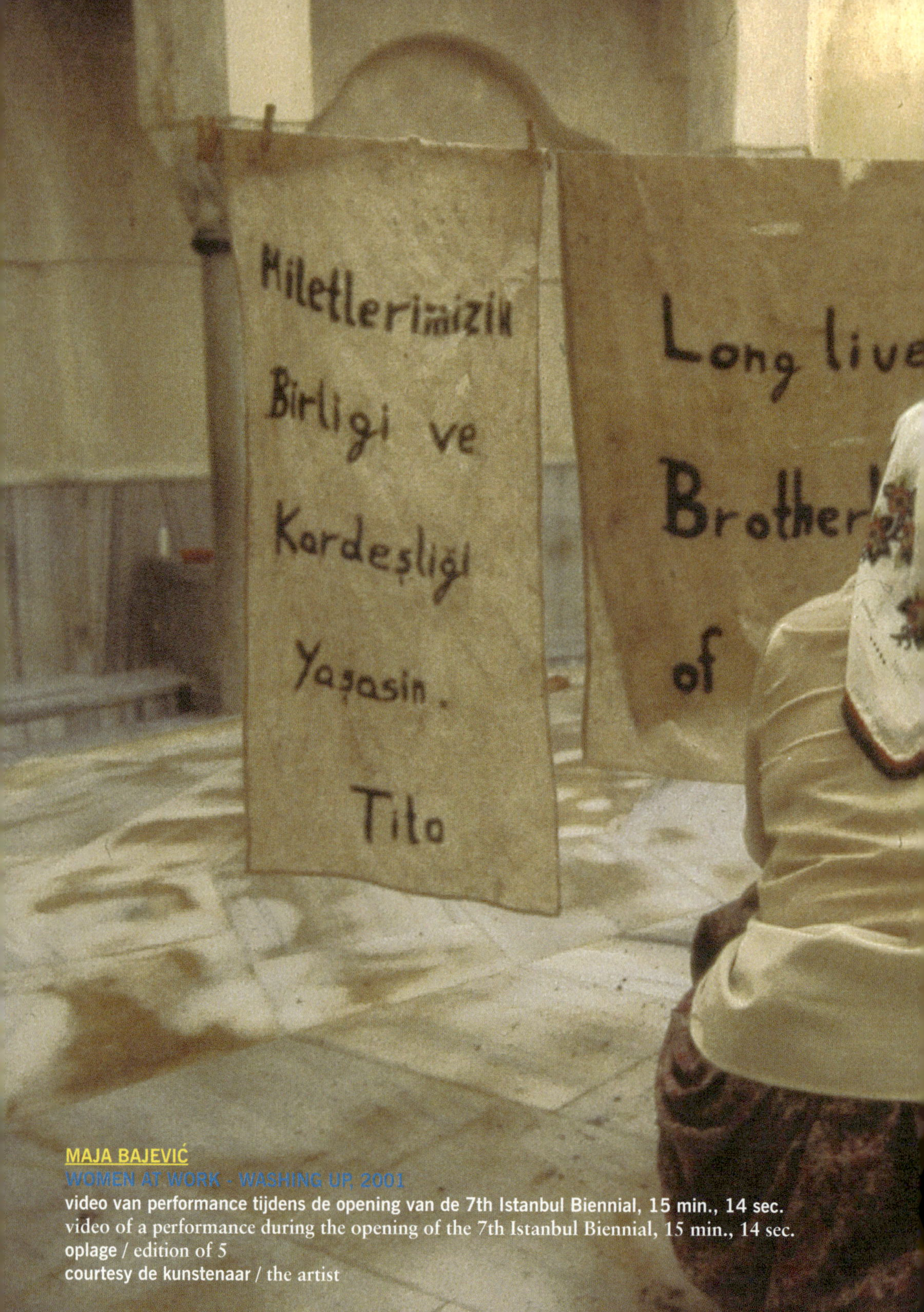

Miletlerimizin
Birligi ve
Kordeşliği
Yaşasin .
Tito
Long live
Brother
of

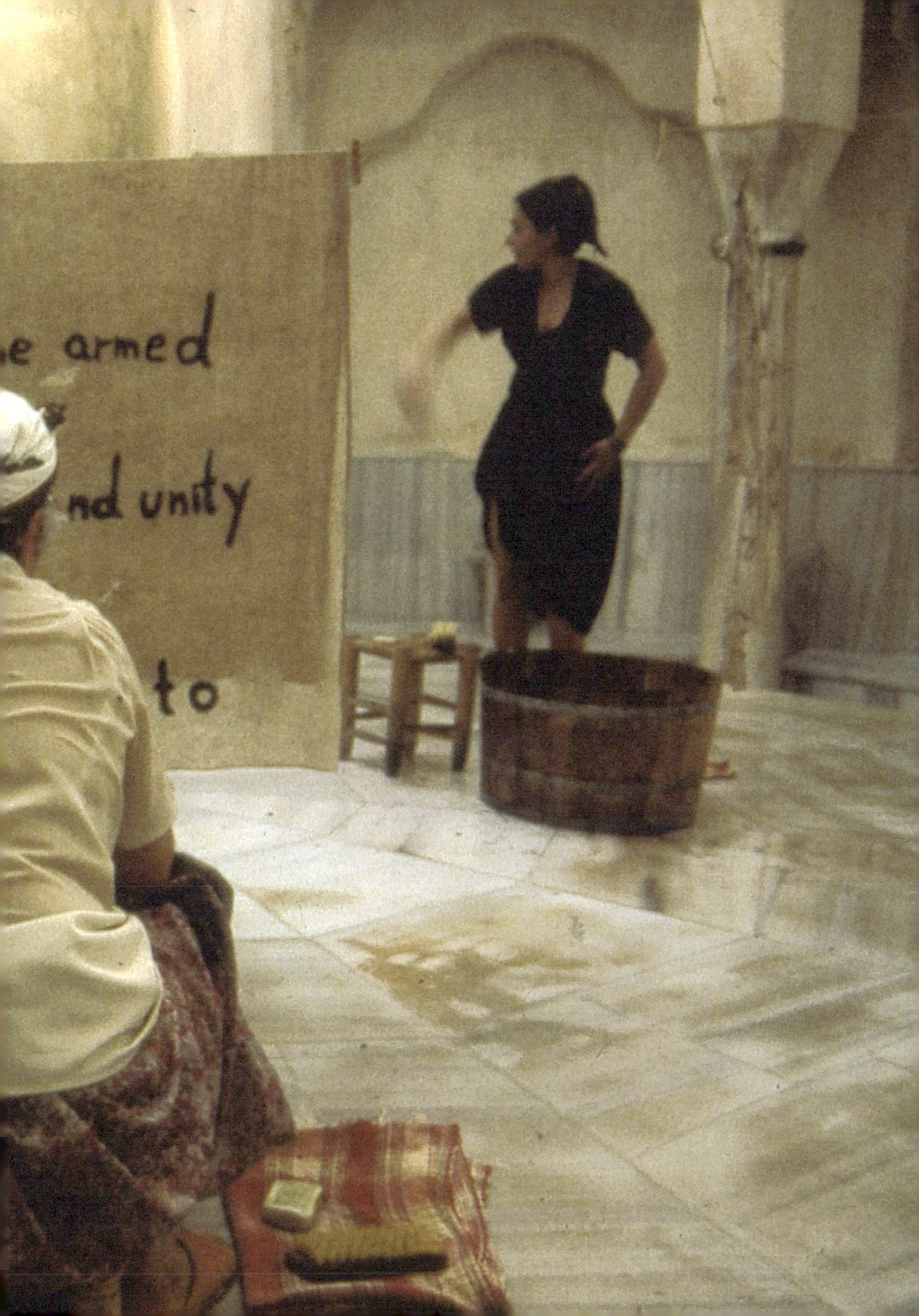
e armed
nd unity
to

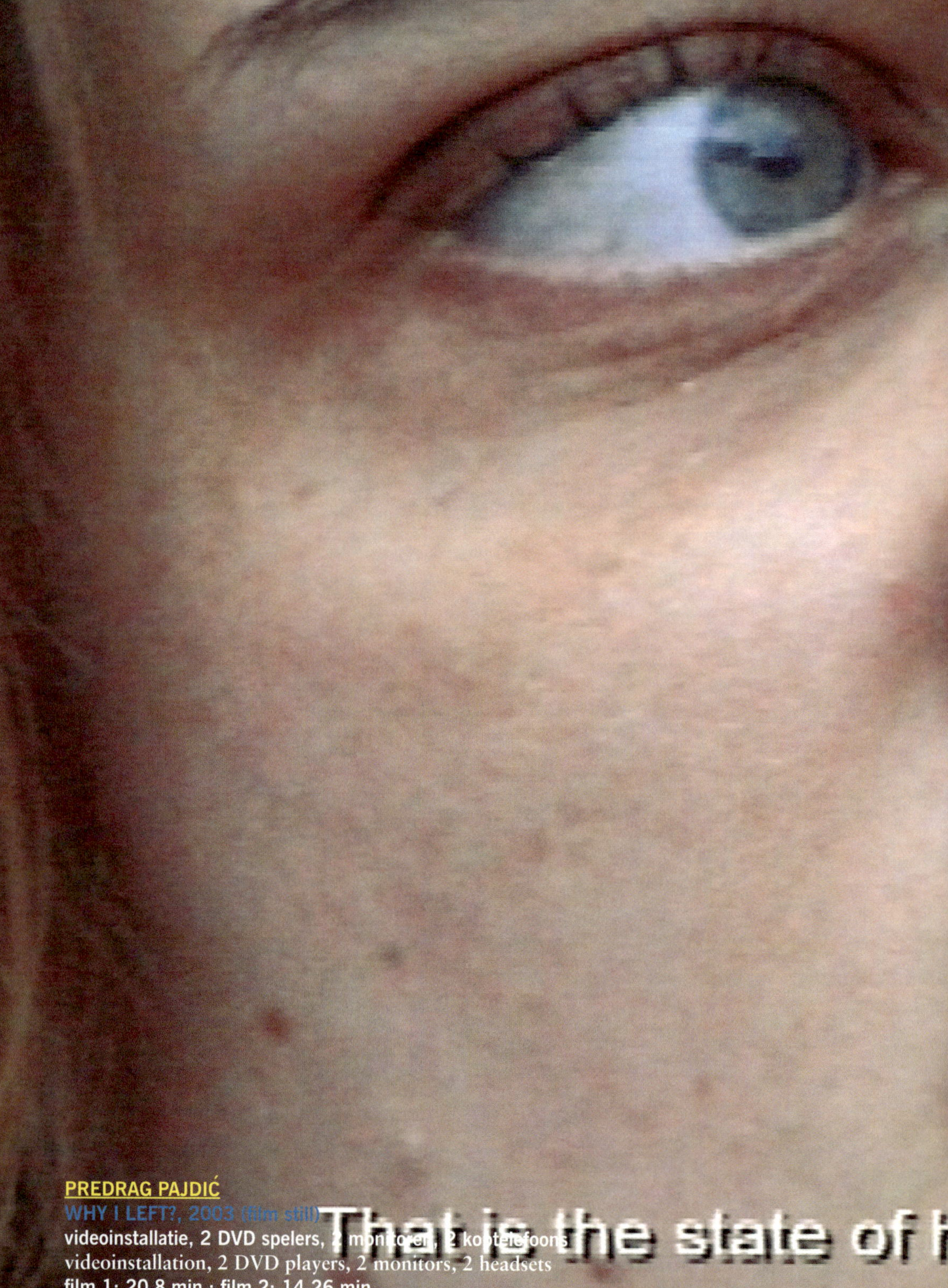

PREDRAG PAJDIĆ
WHY I LEFT?, 2003 (film still)
videoinstallatie, 2 DVD spelers, 2 monitoren, 2 koptelefoons
videoinstallation, 2 DVD players, 2 monitors, 2 headsets
film 1: 20,8 min.; film 2: 14,26 min.
courtesy nn foundation for contemporary art, Rotterdam en de kunstenaar / and the artist

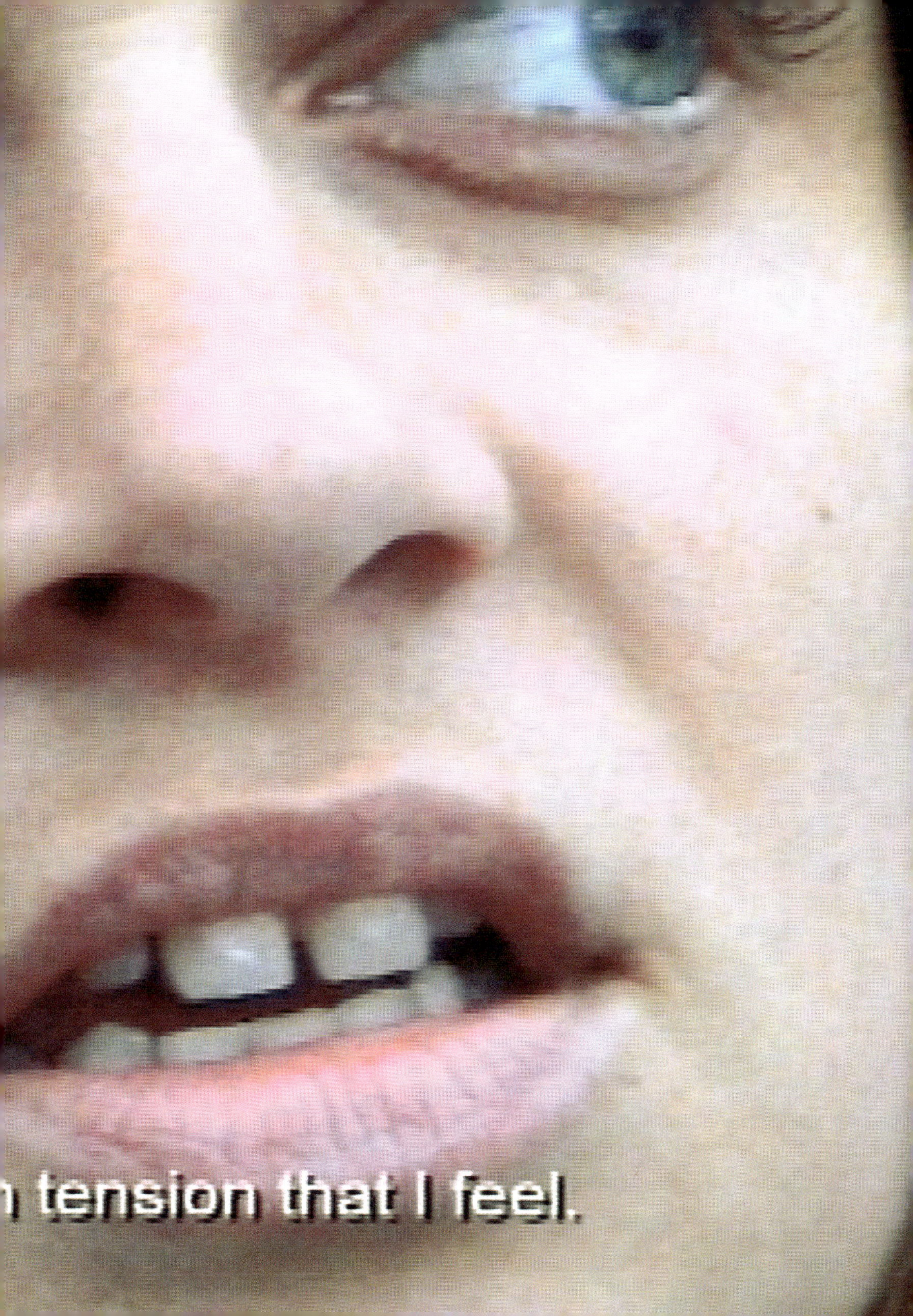
tension that I feel.

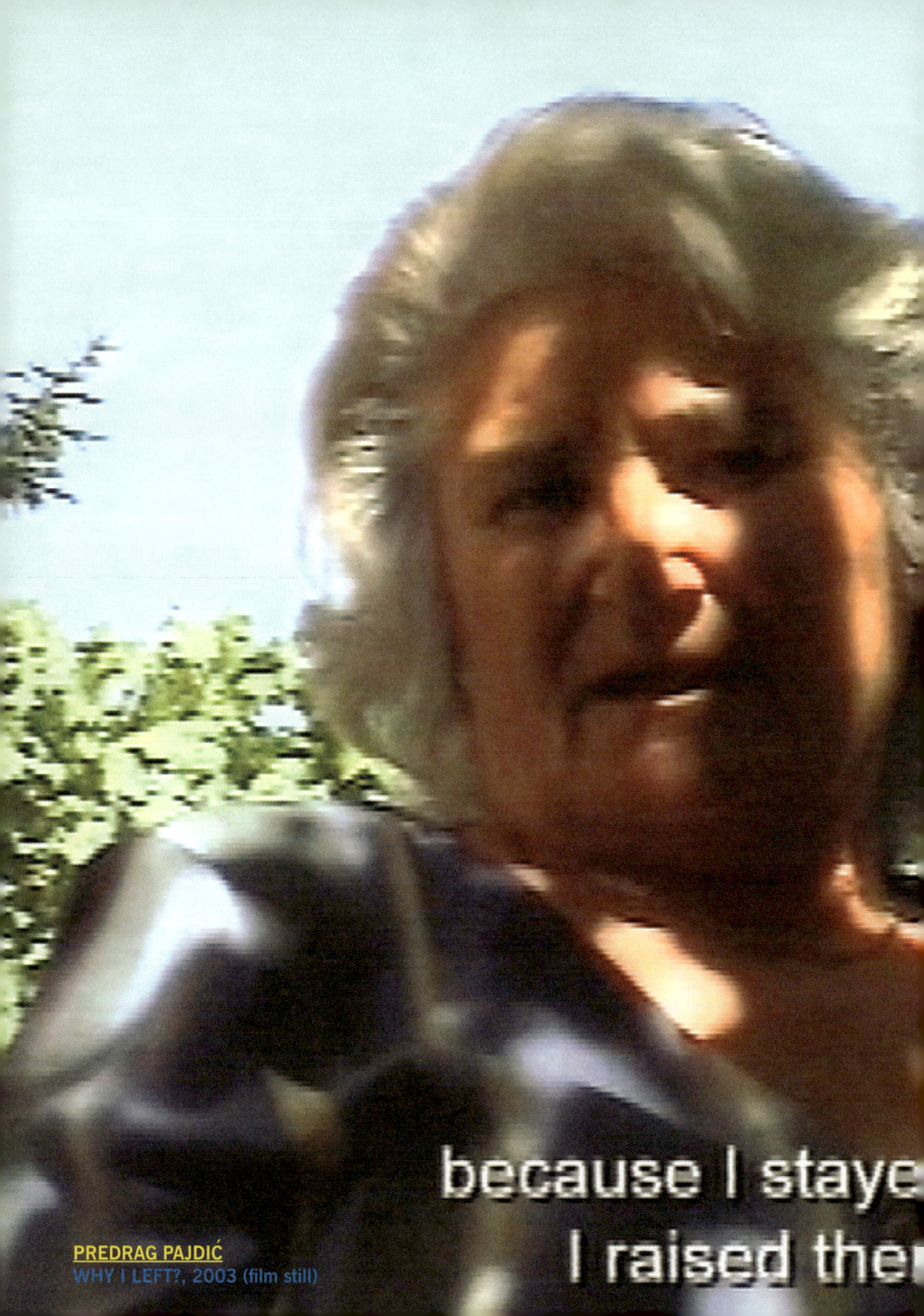

because I staye
I raised the

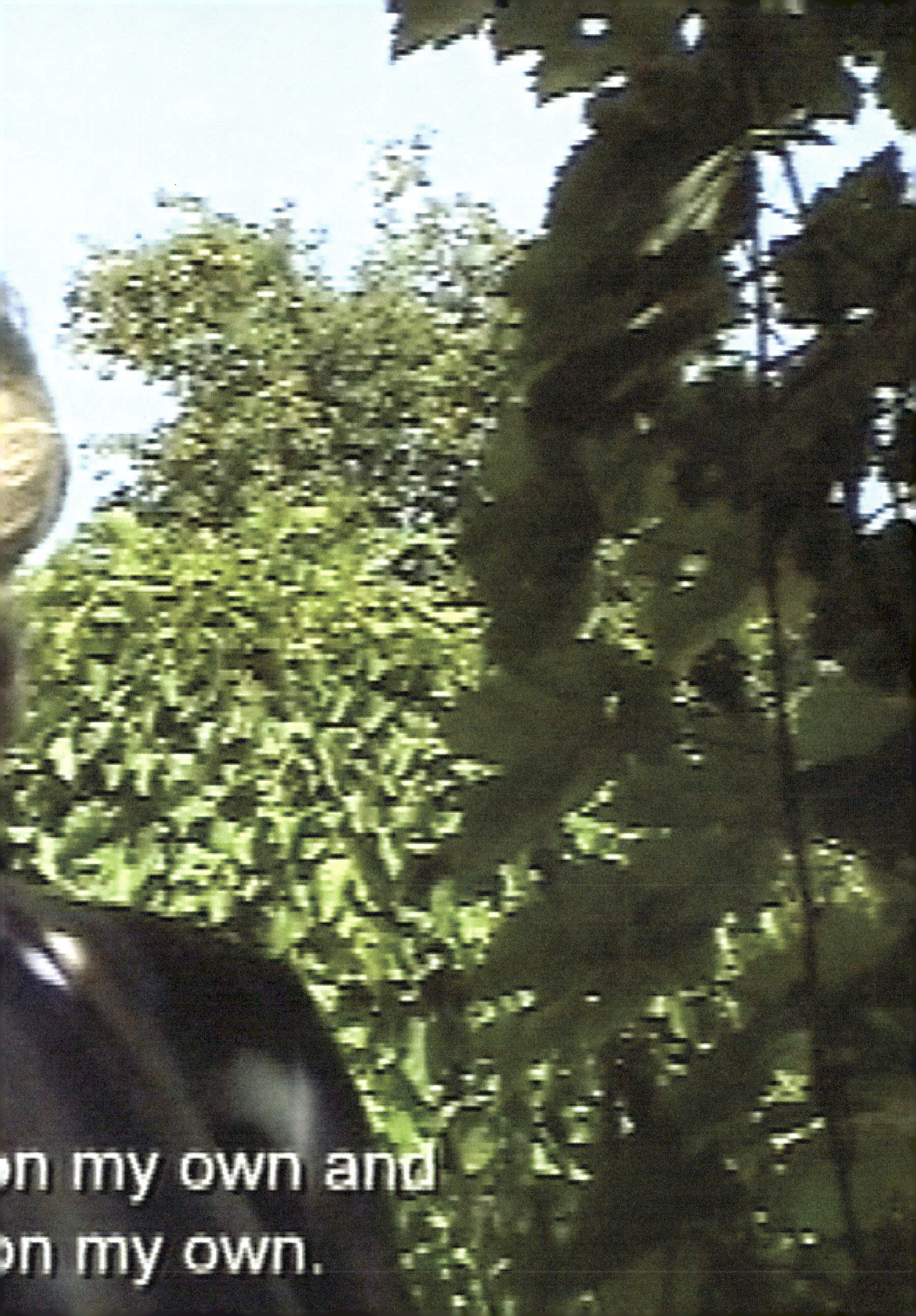
n my own and
n my own.

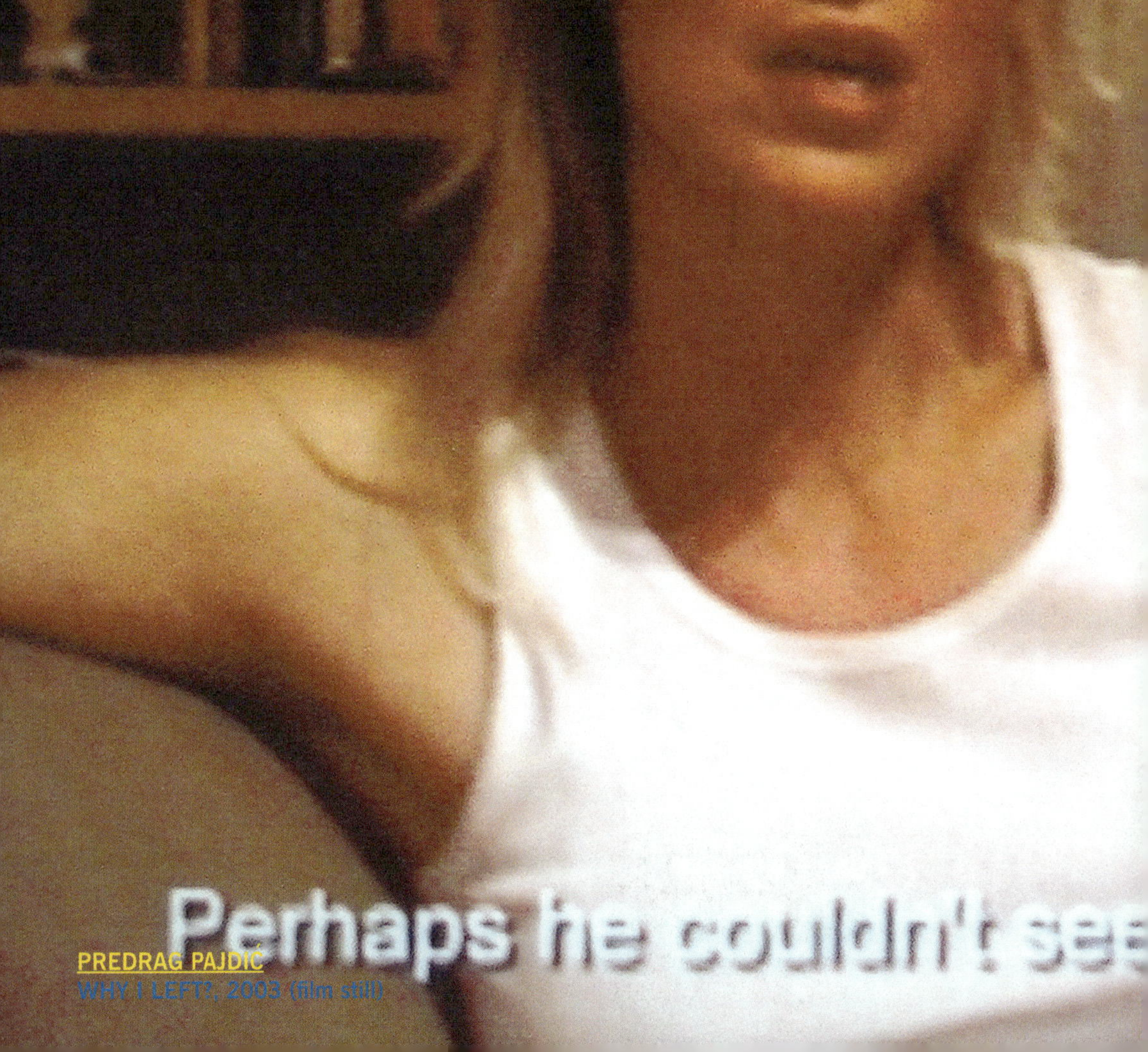
Perhaps he couldn't see

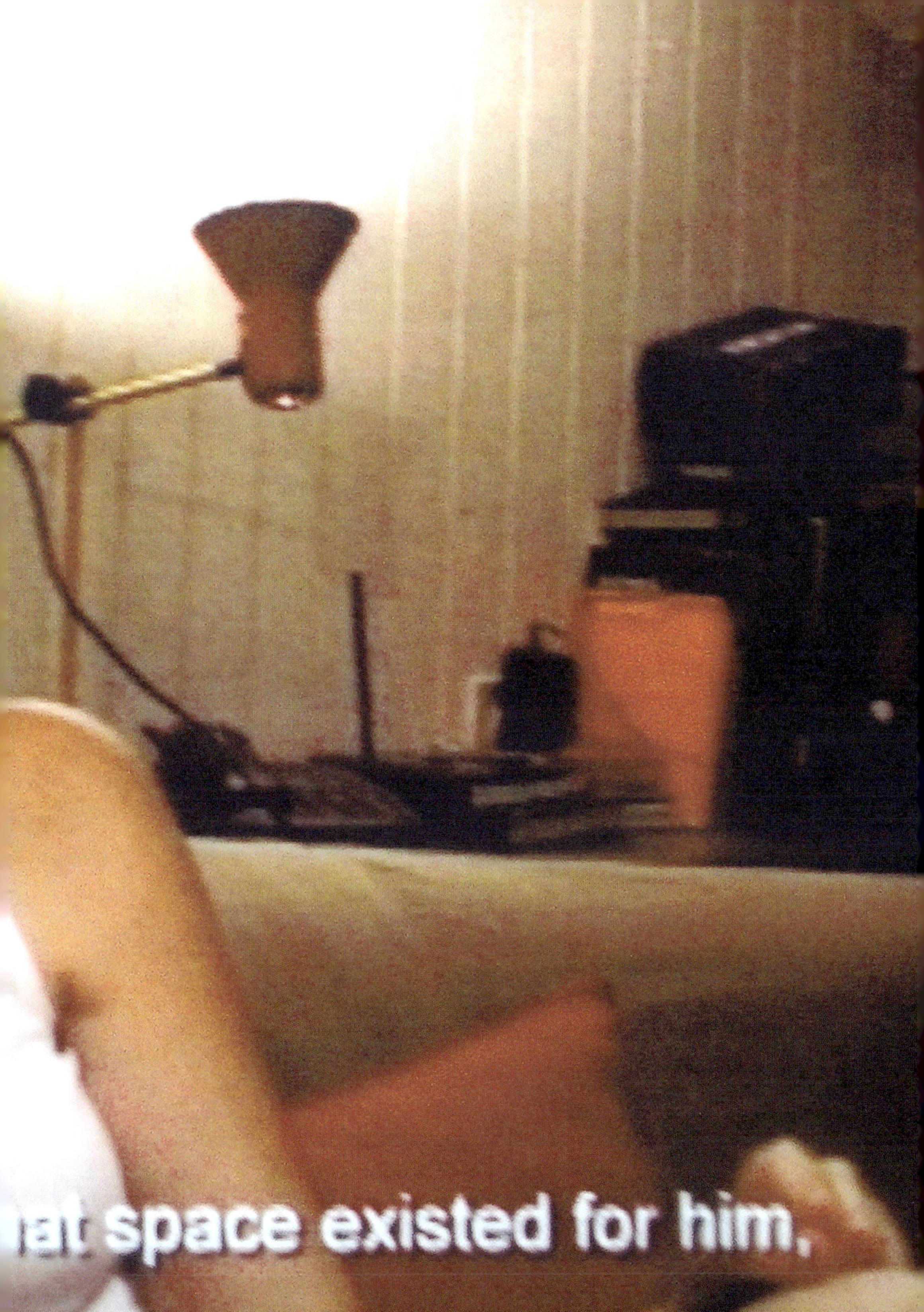
at space existed for him,

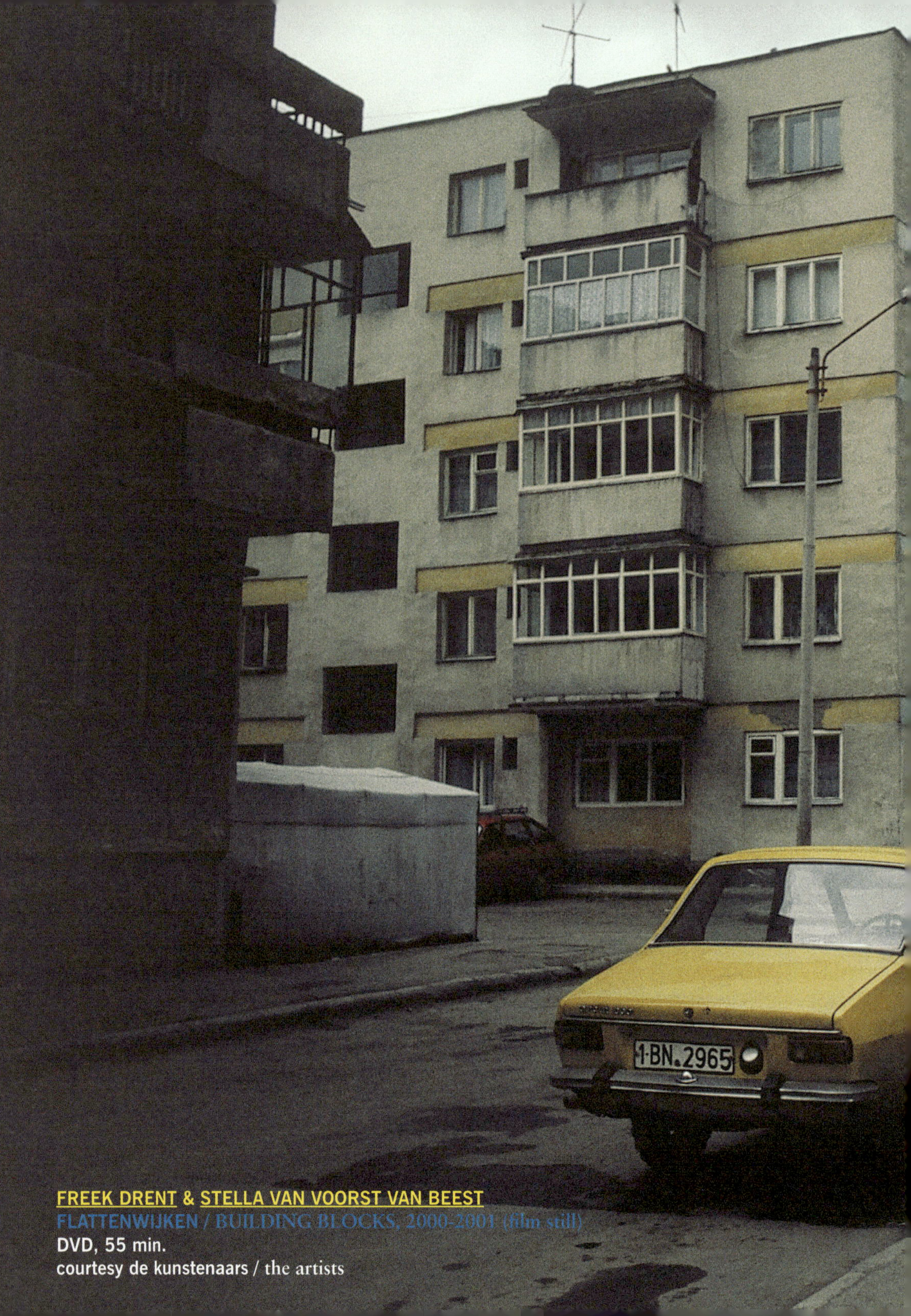

FREEK DRENT & STELLA VAN VOORST VAN BEEST
FLATTENWIJKEN / BUILDING BLOCKS, 2000-2001 (film still)
DVD, 55 min.
courtesy de kunstenaars / the artists

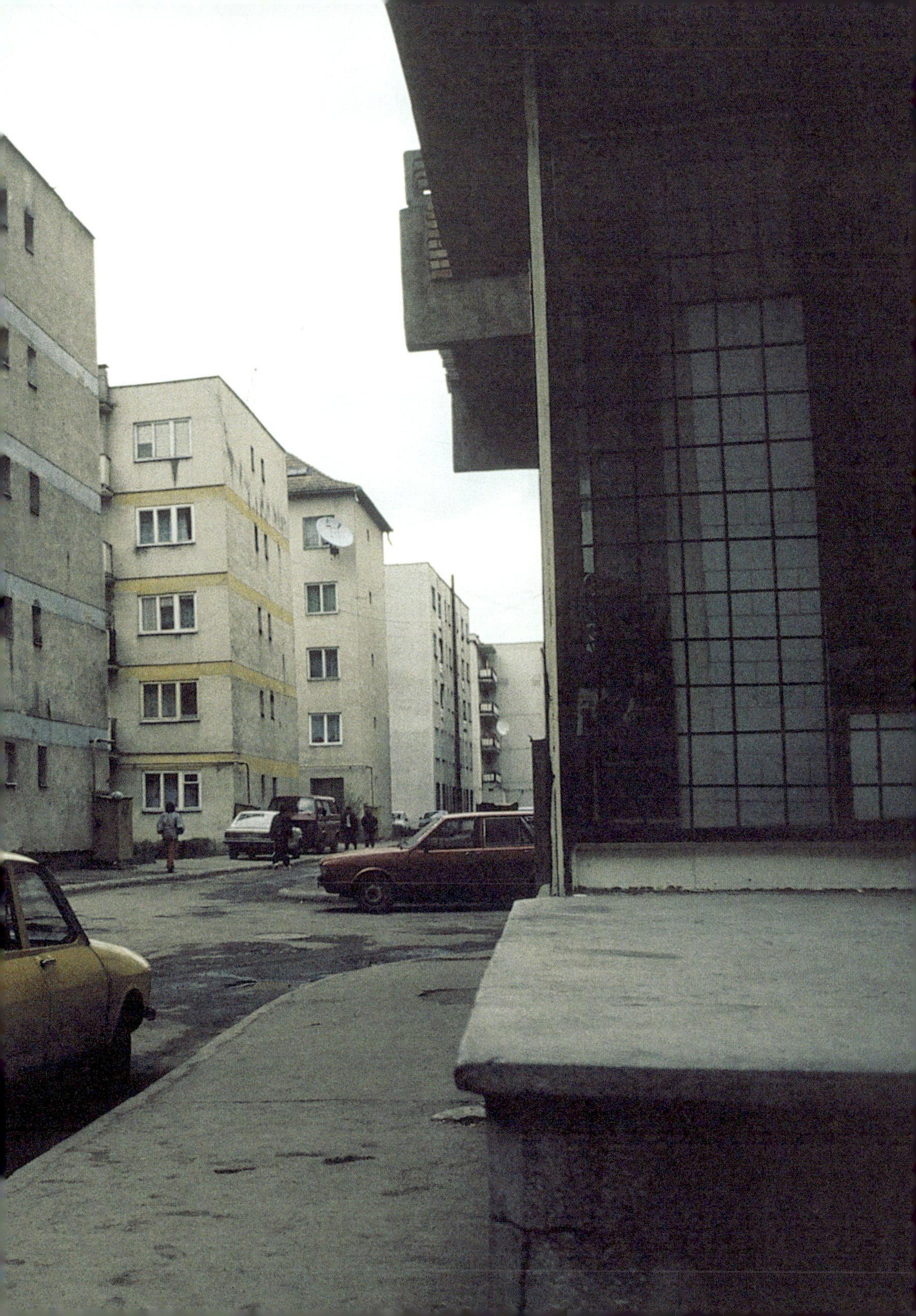

FREEK DRENT & STELLA VAN VOORST VAN BEEST
FLATTENWIJKEN / BUILDING BLOCKS, 2000-2001
polyethyleen flatgebouwen / polyethylene flats
40 x 40 x 20 cm elk / each
installatie / installation ca. 60 m²
courtesy de kunstenaars / the artists

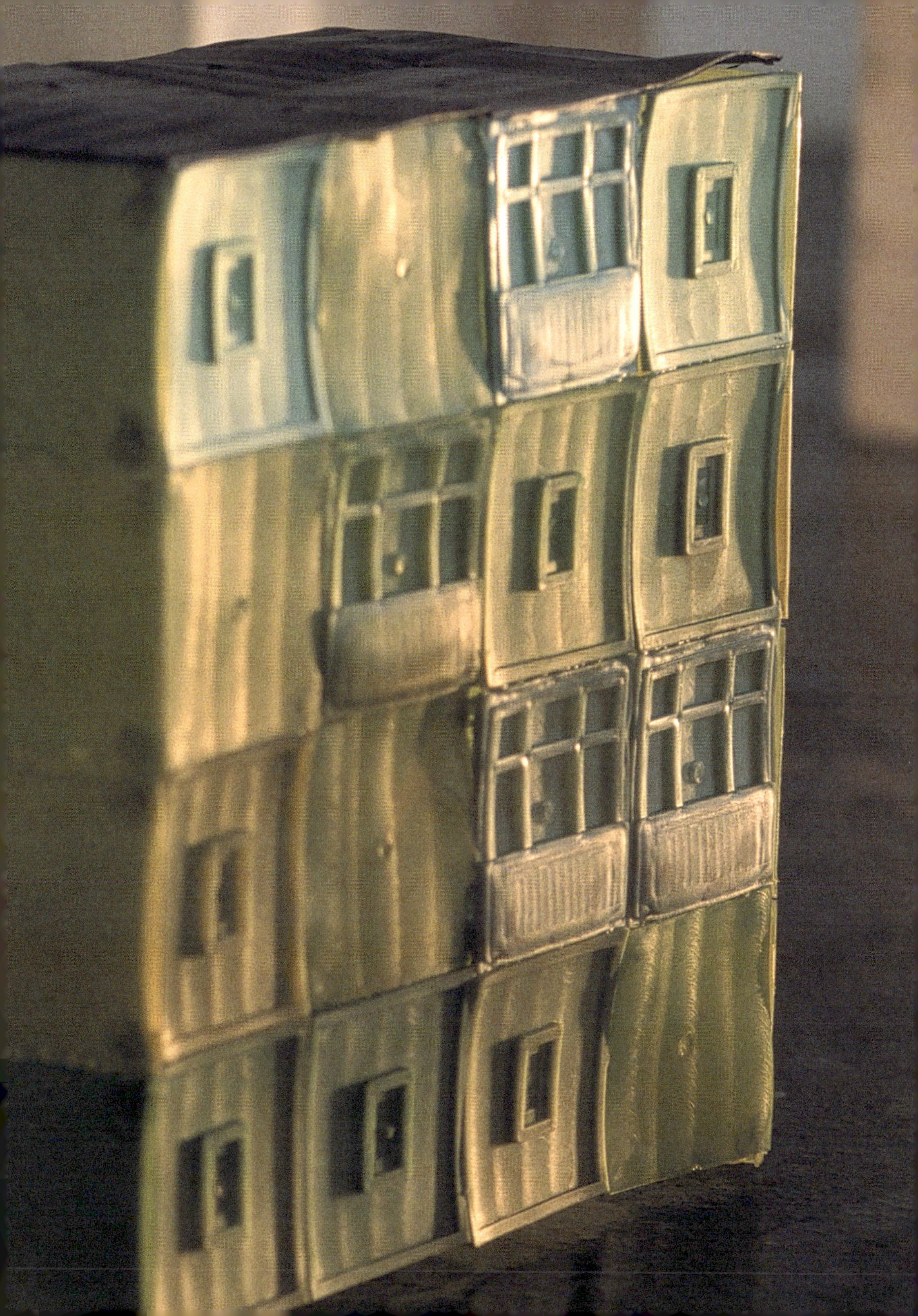

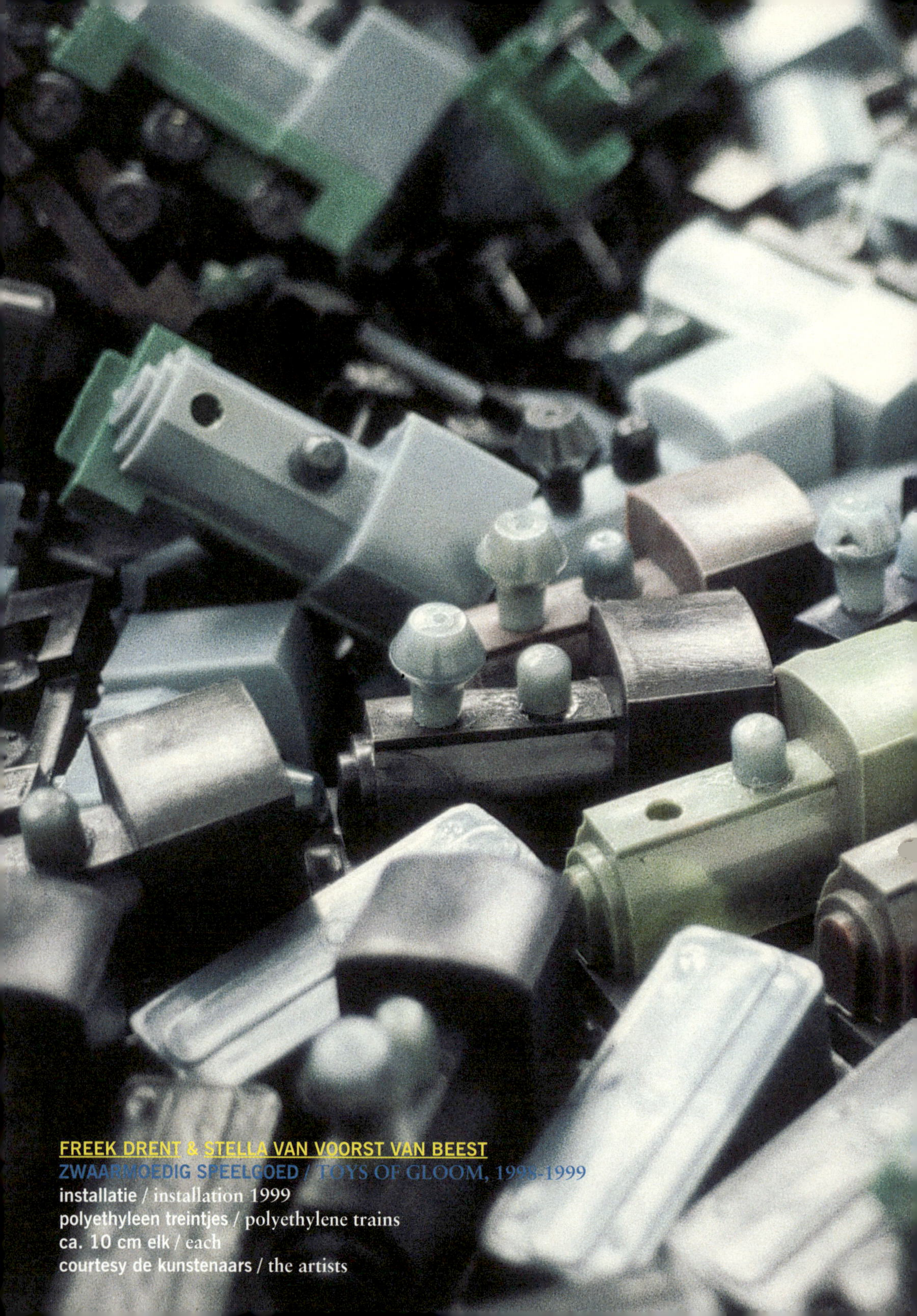

FREEK DRENT & STELLA VAN VOORST VAN BEEST
ZWAARMOEDIG SPEELGOED / TOYS OF GLOOM, 1998-1999
installatie / installation 1999
polyethyleen treintjes / polyethylene trains
ca. 10 cm elk / each
courtesy de kunstenaars / the artists

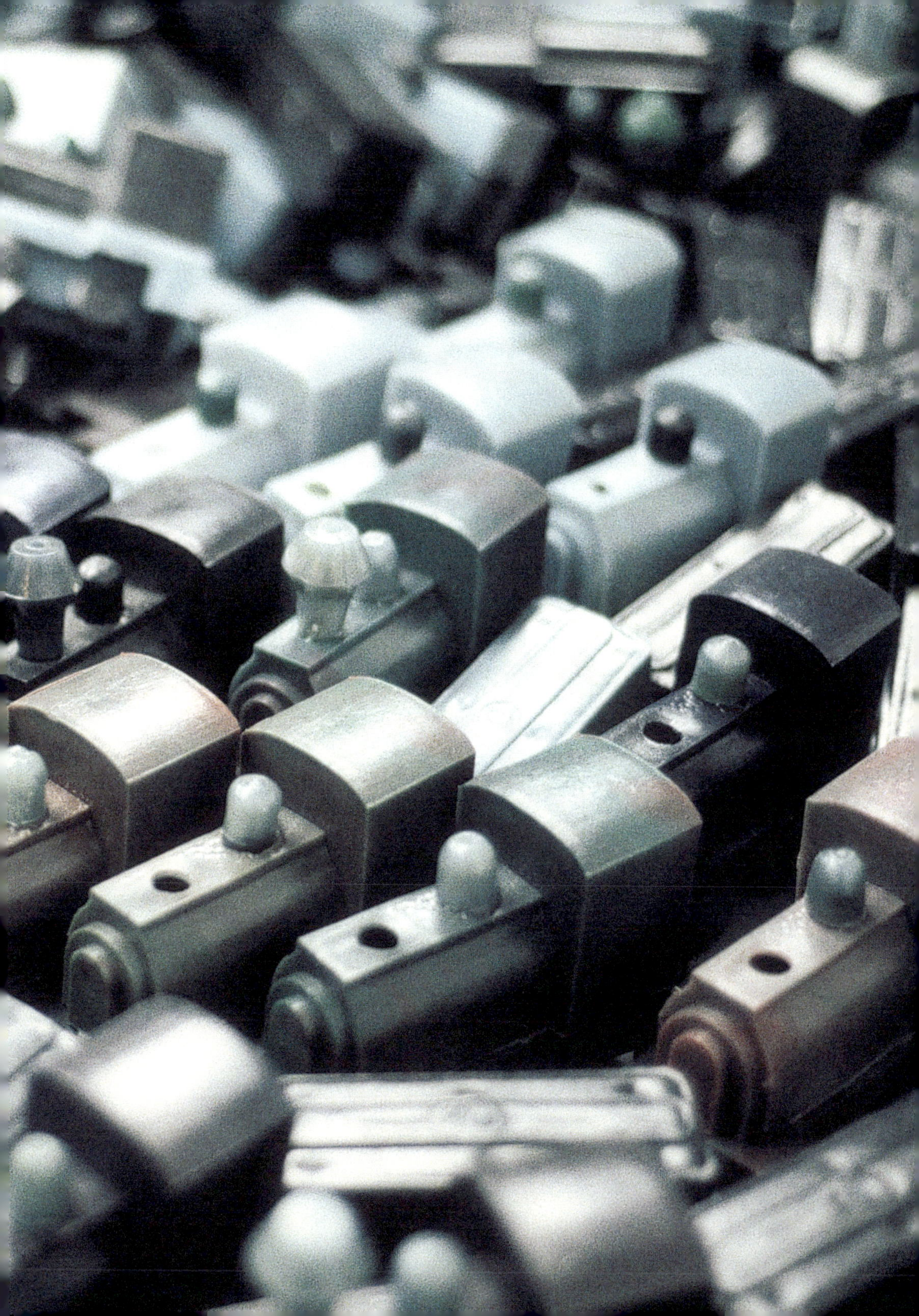

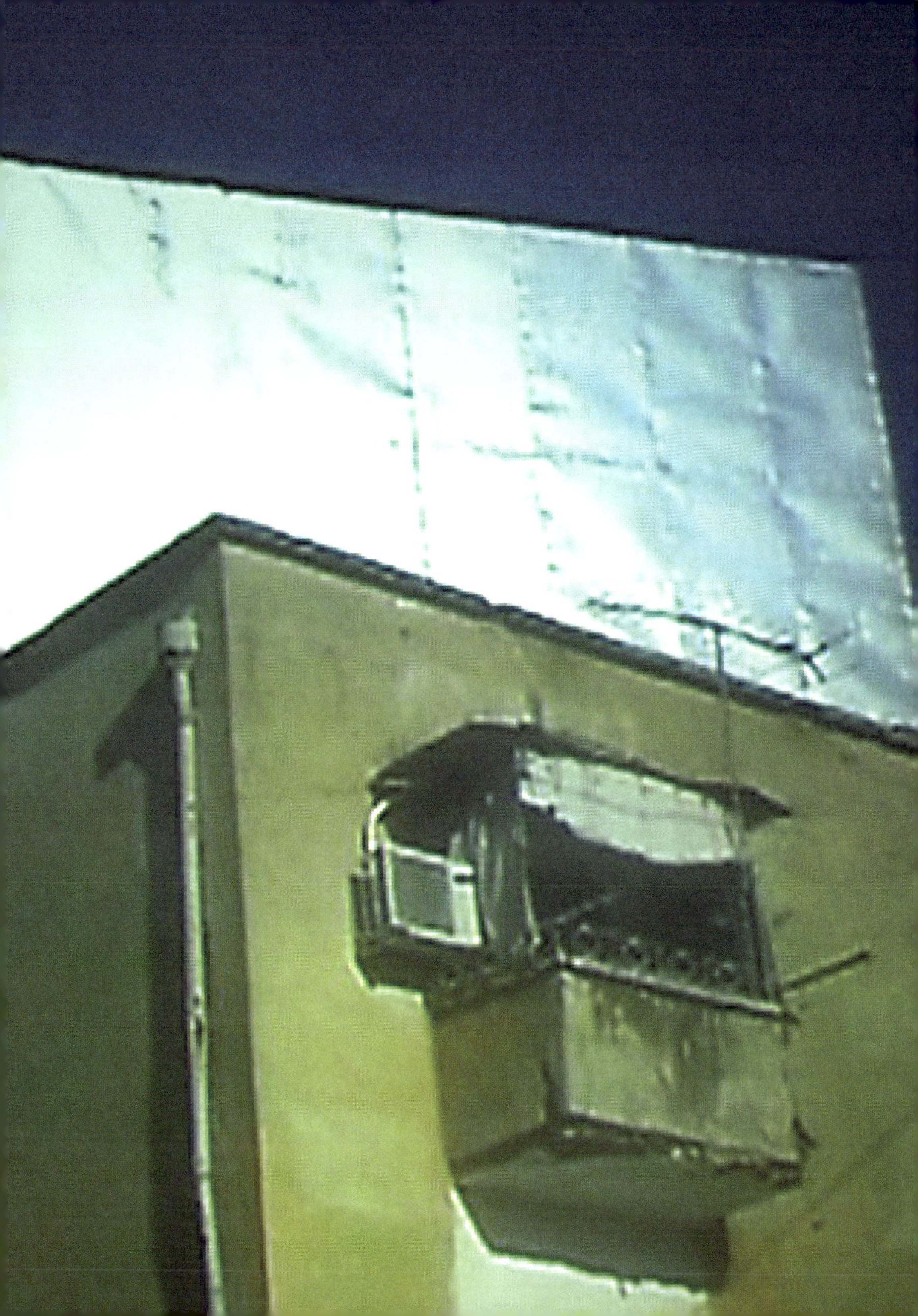

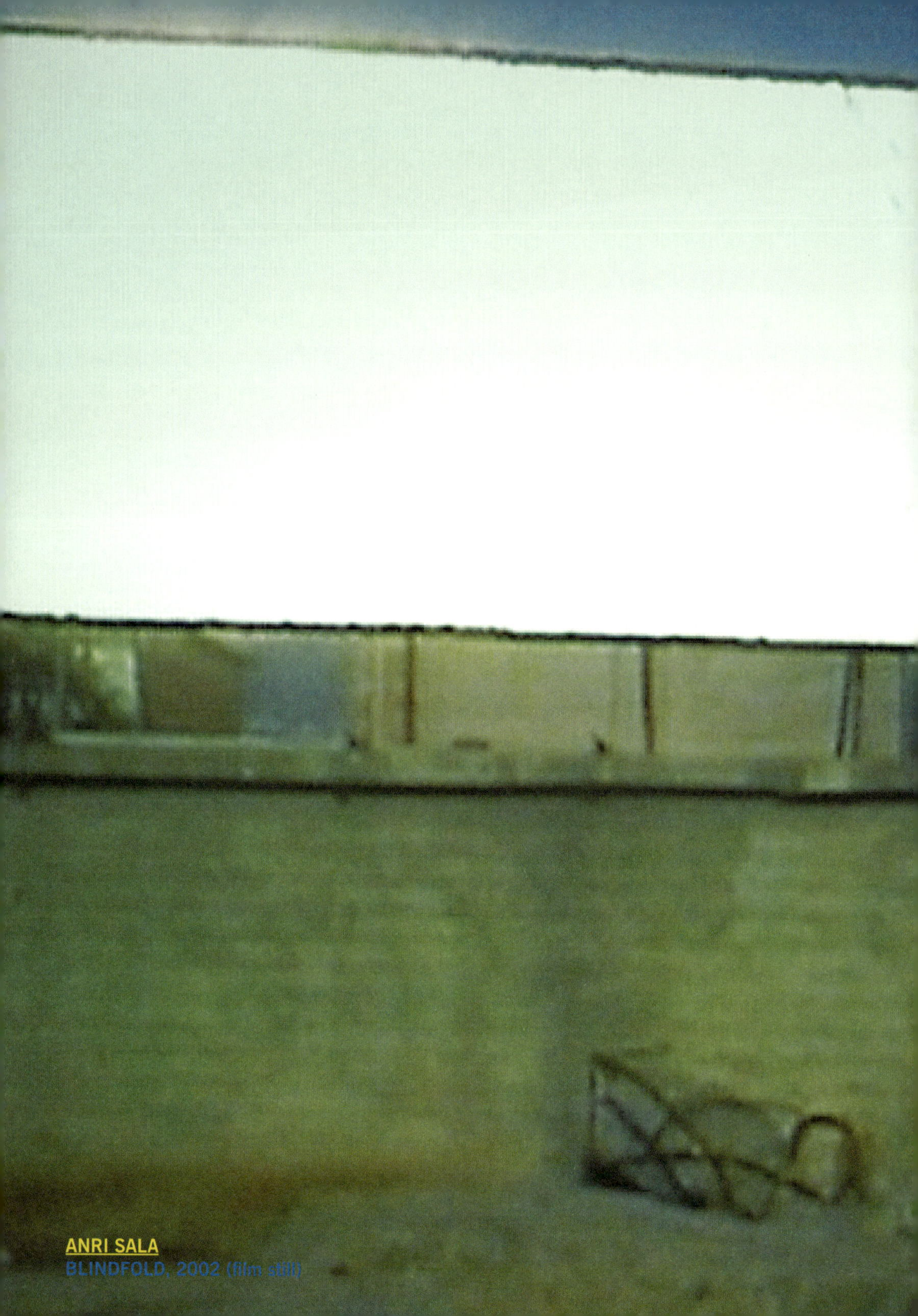
ANRI SALA
BLINDFOLD, 2002 (film still)

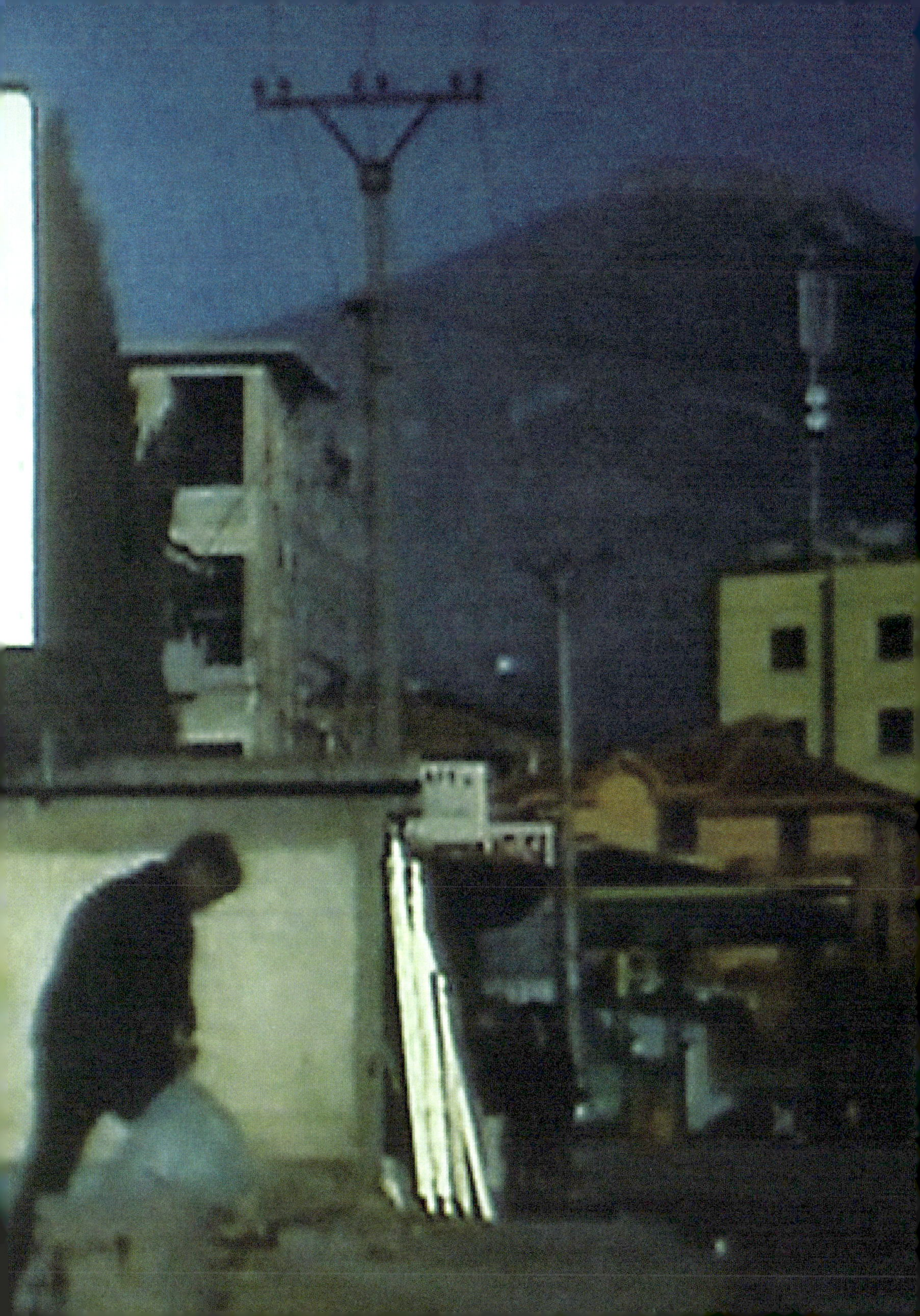

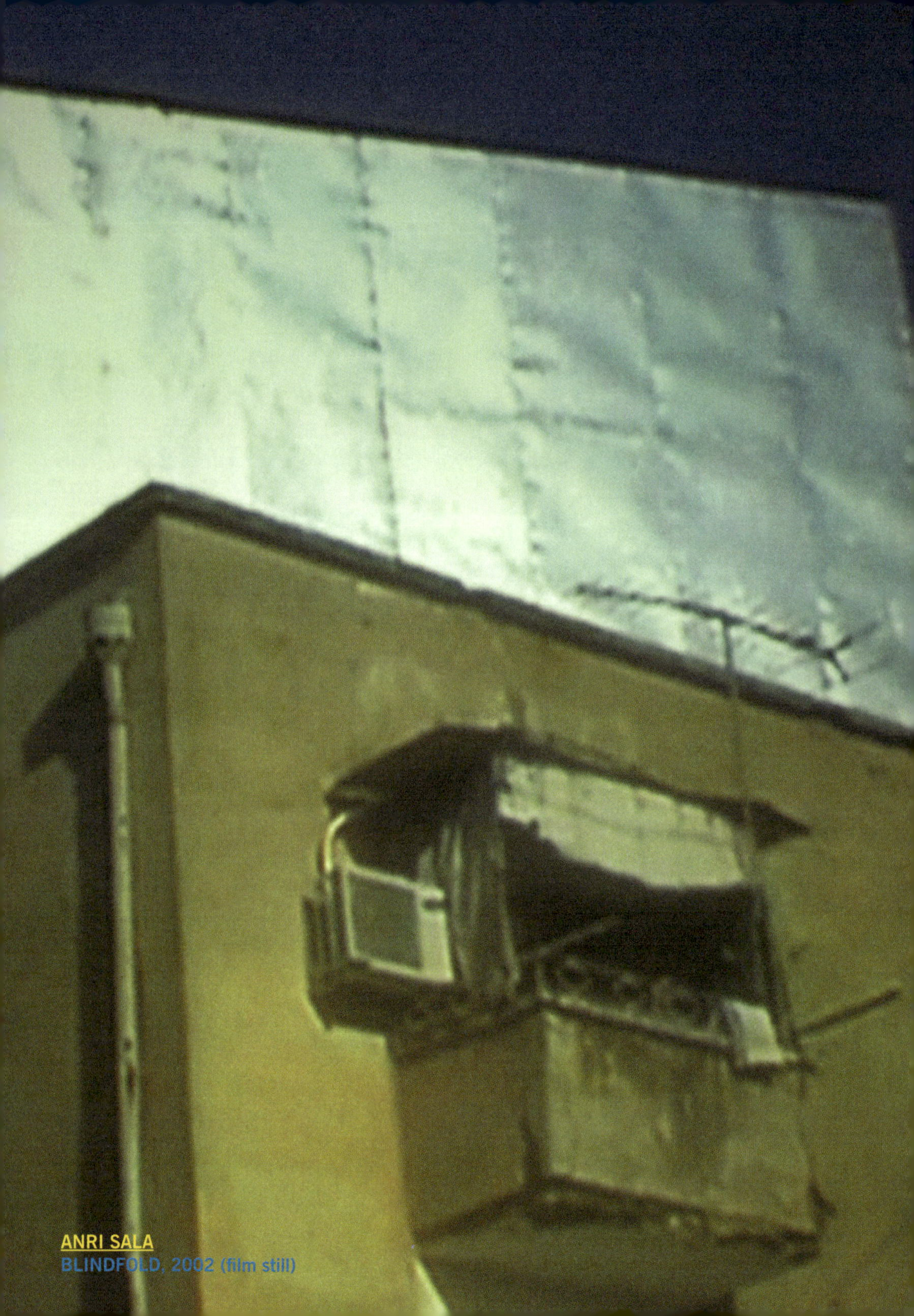
ANRI SALA
BLINDFOLD, 2002 (film still)

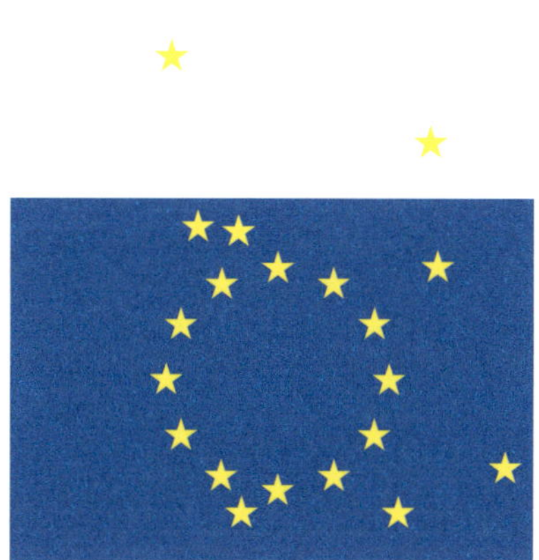

LEX TER BRAAK

EEN HANDVOL BONEN

While her poems kept flowers alive in every season, Dickinson's uncommon conservatory attempted the same miracle. (Judith Farr, *The Gardens of Emily Dickinson*)

In *De klokkenluider van de Notre-Dame* schrijft Victor Hugo dat elk oppervlak, elke steen van de Notre-Dame een bladzijde van de geschiedenis is. Dit is niet zomaar een manier van zeggen, maar de actualisering van de romantische opvatting dat gebouwen 'spreken'. Ze zijn de uit mortel opgetrokken tekens van een taal die leesbaar is voor wie die taal machtig is. Victor Hugo geeft daar zelf een proeve van door de Notre-Dame te lezen als een gehavend maar machtig zinnebeeld van de gotiek. Hij probeert de Notre-Dame te zuiveren van latere toevoegingen en uitbreidingen: 'Zij hebben de diepste wonden geslagen, de kunst tot in haar botten aangerand, gebouwen bijgesneden, afgehakt, ontwricht, zij hebben ze van hun vorm zowel als hun betekenis, van hun samenhang zowel als hun schoonheid beroofd.' En vervolgens gaat hij uitgebreid in op de tijd waarin de Notre-Dame gebouwd werd om tot de kern van haar wezen te komen. Langzamerhand transformeert de Notre-Dame onder de dwingende hand van de schrijver tot een boek van steen – dat de schrijver voor de ogen van de lezer aan het ontcijferen is. De lezer met een actief geheugen beseft dan dat hij betrokken is in een semantisch spel van betekenis geven en nemen. In zijn prelude tot de roman had Hugo immers gezegd dat het boek dat de lezer in handen heeft, ontstaan is uit een raadselachtig woord dat hij las in een donker hoekje van de kathedraal. 'De persoon die dat woord op de muur schreef, is al diverse eeuwen uit de rijen der levenden verdwenen, het woord is op zijn beurt van de muur van de kerk gewist, en wellicht zal de kerk zelf binnenkort ook van de aardbodem verdwijnen. Uit dat woord is dit boek ontstaan.' Woord werd steen werd woord en dat geeft in boekvorm weer betekenis aan steen. En tegelijk suggereert Hugo dat het boek, dat betekenis aan de dingen geeft, zal blijven, maar dat de steen, het tastbare, het materiële verdwijnt.

Hugo goochelt hier met bestaande opvattingen en gedachten. Architectuur als drager van de eeuwigheid wordt van haar plaats getoverd en plotseling staat 'betekenis' in de gedaante van de romankunst op de bühne. Zijn speelse *coup d'état* stelt dat de betekenis die wij aan de dingen geven een langer leven beschoren is dan de dingen zelf. Een magische variant van het klassieke adagium 'ars longa, vita brevis'.

De kathedraal als boek is een voor de hand liggende gedachte. Ze drukt het woord Gods in steen uit en elk facet van haar eindeloos gedifferentieerde ornamentiek is een bewijs ad absurdum van haar ondeelbare eenheid. Dit lezen van goddelijk steen dat op zijn beurt weer een voortzetting is van het lezen van de ingewanden van offerdieren en van de vlucht der vogels, is in de loop van de negentiende en twintigste eeuw gesaeculariseerd tot het (poëtisch, wetenschappelijk) duiden der dingen.

Voor we de sprong naar onze tijd maken, eerst nog twee voetnoten. In de middeleeuwse kathedraal werd de dorstende ziel van de gelovige opgenomen in een onstuitbare verticale beweging en regelrecht getransporteerd naar het oneindige dat zich boven hem uit welfde. In de negentiende-eeuwse kathedraal, zoals het grootstedelijke majestueuze station wel is genoemd, werd de reiziger over de horizontale maar toch spits toelopende rails meegevoerd naar een oneindige verte. Achter de poort van de stationsoverkapping wachtte hem een verblindend hemels licht aan de einder: een belofte van thuiskomst. 'Within the Riddle/ one will walk today.' (Emily Dickinson) Het lezen van de wereld kon beginnen.

LEX TER BRAAK

A HANDFUL OF BEANS

While her poems kept flowers alive in every season, Dickinson's uncommon conservatory attempted the same miracle. (Judith Farr, *The Gardens of Emily Dickinson*)

*

In *The Hunchback of Notre-Dame*, Victor Hugo wrote that every face, every stone of the great cathedral is a page of history. This is not merely in a manner of speaking, but it actualizes the romantic idea that buildings 'speak' to us; they are signs erected in stone and mortar, and constitute a language that is legible to anyone who cares to master it. Hugo himself gives us a glimpse of this as he analyses the Cathedral of Notre-Dame as a battered but still powerful symbol of the Gothic. He wishes to purify its architecture of later additions and modifications. 'They have cut it to the quick; they have attacked the very bone and framework of art; they have cut, slashed, disorganized, killed the edifice, in form as in the symbol, in its consistency as well as in its beauty.' He then goes into extensive detail about the era in which Notre-Dame was built, as a way of penetrating to its essence. Gradually, Notre-Dame transforms under the writer's unerring hand into a book of stone – one which the author is decoding before the reader's very eyes. A reader with an active memory realizes that he is being drawn into a semantic game, a game of giving and taking meaning. In the preface to his novel, Hugo states that the book the reader has in his hands was inspired by a word he had seen engraved in an obscure corner of the cathedral. 'The man who wrote that word upon the wall disappeared from the midst of the generations of man many centuries ago; the word, in its turn, has been effaced from the wall of the church; the church will, perhaps, itself soon disappear from the face of the earth. It is upon this word that this book is founded.' Word had become stone and become word again;

and now the word, in book form, was in turn imparting meaning to stone. At the same time, Hugo implied that the book which gives meaning to material things will endure, while the stone tangible and concrete though it is will one day crumble.

Hugo was here conjuring with existing ideas and beliefs. A wave of his literary wand magically ousts architecture from its prominence as the agent of eternity, so that 'meaning' (in the guise of a novel) now stands centre stage. His playful *coup d'état* demonstrates that the meaning we accord to things is granted a longer life than the things themselves. It is a magic variant of the classic adage *ars long, vita brevis.*

Reading a cathedral as a book is an idea that readily springs to mind. The building expresses the divine word in stone, and every facet of its endlessly varied ornamentation is proof *ad absurdum* of that word's unshakable integrity. This reading of divine stone, which is itself directly descended from the augury of entrails of sacrificial animals or of the flight of birds, grew secularized in the course of the nineteenth and twentieth centuries to become the poetical or scientific interpretation of things.

Before making the leap to our own era, I must add two footnotes. In the medieval cathedral, the craving soul of the worshipper was swept up in an irresistible vertical movement towards the infinite realm that vaulted overhead. In that majestic cathedral of the nineteenth century, the big city railway terminus, the traveller's eye is drawn along the horizontal, tapering rails into a limitless distance. A dazzling, heavenly light awaits beyond the final archway of the station roof, out on the horizon: the promise of homecoming. 'Within the Riddle/one will walk today.' (Emily Dickinson) Now the world opens before us like a book.

Pulling out of the station, the train puffs its way to the outskirts of the city and continues between pristine meadows of grass and blossoms. In the nineteenth century, plucking, drying and pressing wild flowers were a much loved pastime. Children were taught botany at

De trein die het station verliet, ploegde zich buiten de stad door nog ongerepte akkers en bloemenvelden. Het plukken, drogen en het inplakken van deze bloemen behoorde tot de geliefde bezigheden van veel negentiende-eeuwers. Kinderen werden op school in botanica onderwezen en kennis van de plantenwereld was een van de hoekstenen van de algemene ontwikkeling. In wetenschappelijke geschriften, in poëzie, in tuinen en in serres, overal werd de bloem in al haar hoedanigheden gecelebreerd. Bloemen waren ook de dragers van een taal: planten konden spreken. Met de juiste bloemen voor het juiste moment kon een scala aan gevoelens, gedachten en verlangens worden uitgedrukt. Talloze boeken over de taal der bloemen zagen in die tijd in Europa en Amerika het licht. Maar vrij abrupt is die rijke, genuanceerde taal verdwenen en gestold tot enkele clichés. De bloemen zijn gebleven en nu opgenomen in het ecologische vertoog van de specialisten. Hugo's gejongleer is nog niet virtuoos genoeg. In een gedifferentieerde en deelbare wereld kan immers alles steeds opnieuw en anders gelezen worden.

Tijdens de manifestatie 'De Verborgen Stad' (Middelburg, 1997) organiseerde *urban planner* Raoul Bunschoten stadswandelingen volgens een voor hem beproefde methode. De deelnemers aan de wandeling schaarden zich op zijn aanwijzingen rond een tafel waarop hij een opengevouwen kaart van de stad en een zakje bruine bonen had gelegd. Aan een van de deelnemers vroeg hij een handvol bonen uit de zak te pakken en die als dobbelstenen over de kaart te gooien. De bonen die op de kaart bleven liggen, omcirkelde Bunschoten met een zwarte pen en vervolgens verbond hij deze cirkels met rechte lijnen. De route (de rechte lijnen) naar de te bezoeken plekken (de cirkels) was gegeven. Op het zwakke protest van een van de deelnemers dat dit geen interessante plekken waren, antwoordde hij dat alle plekken van een stad even interessant zijn, dat er geen essentieel verschil is tussen 'non-spaces' en 'places to be' als je, voegde hij daar aan toe, ze maar weet te lezen. En met lezen bedoelde hij: van betekenis voorzien. De groep ging op weg, moest naar links, richting station, terwijl rechts het oude centrum lokte, en stopte uiteindelijk op een karakterloze plek. Onkruid, een scheef bouwhek en wat onooglijke huizen die niets prijsgaven behalve een roerloze, reptielachtige zondagsrust. Enkele deelnemers lachten onwennig en gaven te kennen dat dit het bewijs van de mislukte expeditie was. Maar toen Bunschoten van wal stak, was het alsof Victor Hugo de Notre-Dame beschreef. Onder zijn woorden ontvouwde die 'non-space' zich als een volle plooi in de geschiedenis van de stad. Veel van wat Bunschoten zag en beschreef, was weliswaar verdwenen, maar de verloren geschiedenis kon worden opgemaakt uit de wijze waarop de plek door het verleden aan het heden was 'overgeleverd'. De littekens en wonden ervan verraadden een heftige strijd – en die trieste huisjes bleken helden in een historische roman. Bunschoten legde een raster van betekenissen over een werkelijkheid die vlak daarvoor door een ander raster nog gekenmerkt was als 'oninteressant', 'niksig', 'loze restruimte'. In beide gevallen werden ruimte en architectuur bepaald door opgelegde betekenissen die zelf ook weer veranderden. Een panta rhei aan mogelijkheden sloeg over de steen in haar stroom heen.

Steden, huizen, kathedralen, paleizen, krotten, appartementengebouwen, bungalows, Vinex-wijken, strokenbouw, tuinsteden – dat alles heeft geen betekenis van zichzelf, maar krijgt dat pas in de verhalen, dromen, gedachten, ideologische bespiegelingen die wij eromheen weven. Als dat collectief gebeurt, lijkt het om een onomstotelijke, objectieve waarheid te gaan, zoals de opvatting dat buitenwijken 'troosteloos' zijn of dat oude binnensteden altijd de moeite van een (toeristisch) bezoek waard zijn. De toedichting van eigen ervaringen aan een gebouw of huis wordt daarentegen als subjectief en persoonlijk afgedaan. Het huis van je jeugd zal niet door je individuele sentiment van de sloop worden gered, wel door een gemeenschappelijk gevoelde betekenis: zijn bijzondere architectuur, als het beschouwd wordt als een stijlvoorbeeld van een belangrijke school, als het om het geboortehuis van een individu van (nationaal) belang gaat. Maar van zichzelf is het helemaal niets.

school and a knowledge of the plant world was treated as a cornerstone of general education. In scientific papers, in poetry, in gardens and in greenhouses – everywhere, the flower was celebrated in all its forms. Flowers were also the bearers of a language: plants too could speak to us. The right flowers at the right moment could be used to express a gamut of emotions, thoughts and longings. Countless books on the vocabulary of flowers appeared in Europe and America in those times. Almost abruptly, however, the rich, subtly shaded language vanished from use, leaving only a few well-worn clichés. The flowers themselves remained and have now taken their place in the ecological treatises of specialists. Hugo's juggling is not yet masterly enough, for in a differentiated, divisible world everything can be read in new, different ways, over and over again.

During the project 'De Verborgen Stad' (The Secret City, Middelburg, 1997), the urban planner Raoul Bunschoten organized a number of guided city walks. He used his tried and tested method: the participants gathered around a table on which he had placed an open city map and a bag of dried beans. He asked one of the group to take a handful of beans out of the bag and to roll them over the map like dice. Wherever a bean landed on the map, Bunschoten drew a circle round it with a black pen, and then connected the circles with straight lines. The straight lines indicated the route of the walk and the circles indicated the places to be visited. Responding to mild protests from some participants that the chosen places were uninteresting, he replied that all places in a city were equally fascinating. As long as you are capable of reading them, there is no essential difference between 'non spaces' and 'places to be', he added. By 'reading', he here meant investing the places with meaning. The walkers set off, found themselves steered left instead of to the right (where the historic city centre lay enticingly) and ended up at an ostensibly characterless place. It was replete with weeds, a sagging building site fence and a clutter of rather unattractive houses that

emanated nothing but an almost reptilian Sunday afternoon inertia. A few participants chuckled uncomfortably and declared this situation proof of a misguided expedition. Once Bunschoten started holding forth, however, it was as though Victor Hugo himself was describing the cathedral of Notre-Dame. Through his words, that non-space came alive to represent a new slant on the city's history. Many of the things Bunschoten identified and described had admittedly disappeared, but the lost history could be reconstructed from the condition in which the past had delivered the place to the present. Its scuffs and scars betrayed the ferocious struggle that had taken place, and those sad little houses were like heroes in a historical novel. Bunschoten thus superimposed a grid of meanings on a physical reality which, only a short while earlier and under a different interpretative grid, had been characterized as an uninteresting, meaningless leftover space. In each case, the character of the space and the architecture are determined by superimposed meanings which are themselves changeable. Wave after wave of possibilities – *panta rhei* – engulf the mute stones.

Cities, houses, cathedrals, palaces, slums, apartment blocks, bungalows, Vinex districts, row housing, garden cities – all these things have no meaning in themselves but acquire it through the stories, dreams, thoughts and ideologies people weave around them. When that process is a communal one, it appears to create an irresistible, objective verity; for example, the notion that suburbs are dull or that old inner cities are always worth a detour. On the other hand, attaching personal experiences to a house or other building tends to be dismissed as subjective. My childhood home will not be saved from demolition by individual sentiments, but only by some collectively created meaning – for example if the house is architecturally significant, a rare example of some important stylistic school or the birthplace of a famous figure. In its own right, though, it amounts to nothing. Stefan Heym, an author from the former People's Republic of Eastern Germany, wrote

De voormalige DDR-schrijver Stefan Heym heeft in zijn roman *Die Architekten* (1963/2000)
genadeloos de onmogelijke worsteling van architecten met de eisen van een opgelegde ideologie beschreven. De hoofdpersoon heeft zijn formalistische Bauhaus-verleden achter zich
gelaten en zich overgegeven aan de partijrichtlijnen. Deze toonaangevende 'Chefarchitekt'
ontwerpt socialistisch-realistisch en dat betekent vooral de juiste woorden gebruiken om de
gebouwen in de gewenste ideologische zin betekenis te geven. Maar na de befaamde rede
van Chroesjtsjov in 1954 wordt zijn manier van bouwen opeens als reactionair beschouwd.
Er mocht niet langer worden gebouwd in stalinistische stijl (een soort neoclassicisme), maar
er moest op grootschalige wijze worden tegemoetgekomen aan de woningnood onder de ar-
beidende klasse. Daartoe werd de bouw geïndustrialiseerd en werden er hoge eisen aan de
arbeidsproductiviteit gesteld. De architect uit Heyms boek probeert zich aan te passen aan de
nieuwe richtlijnen en hanteert – met weinig succes – de nieuwe woorden om zijn oude ontwerpen aan te prijzen. Oude wijn in nieuwe zakken, maar het werkt niet. Bovendien worden
zijn ontwerpen, die eens het schoolvoorbeeld voor het nieuwe socialistische bouwen waren,
in de loop van zijn *Werdegang* ook nog eens ontmaskerd als doorzichtige adaptaties van nazi-
architectuur. De architect verdedigt zich dan door zijn opdrachtgevers te beschuldigen. Die
hebben een slechte, door een twijfelachtige geschiedenis gevoede smaak en daaraan moest
hij zich aanpassen. 'Heuchelei in Stein', zegt de Chefarchitekt op een moment van inzicht.
Maar het was juister geweest als hij had geconcludeerd dat het 'ideologische Heuchelei' was,
waarvan architectuur het (tijdelijke) lastdier is.

De naoorlogse stedenbouw en stadsuitbreidingen zijn dragers van complexe en nogal eens
tegenstrijdige betekenissen. In het voormalige Oostblok waaierde de optimistische retoriek als
feeëriek vuurwerk boven de eerste socialistische ontwerpen uiteen. Grote, nog van decora-
ties voorziene woonblokken werden arbeiderspaleizen voor het ware socialistische geluk genoemd; brede assen, waaronder de Magistrale, doorsneden de geplande steden om ruimte te
bieden aan de spontane triomfmarsen van de opgetogen massa; op riante pleinen konden jonge gezinnen elkaar ontmoeten. De nieuwe stad werd bejubeld als heroïsch, als de woonstede
van de nieuwe mens. Ze was de uitdrukking van het socialistische experiment en werd tegelijk opgevat als de belichaming van de gecentraliseerde planeconomie. Wegen, spoorlijnen en
transportzones koppelden de ligging en plattegrond ervan aan de immer nabije, leven bren-
gende industrie. De inrichting van de stad en de wijken met hun functies en groenvoorzie-
ningen beantwoordde aan een strakke, socialistische planning. En zo werden in recordtempo
nieuwe open en vrije steden uit de grond gestampt. De industrialisering van het bouwproces
maakte het de planners niet alleen mogelijk het productieproces telkens hoger op te voeren,
maar ook te zorgen voor gelijkvormige, socialistische woningen, appartementencomplexen,
wijken en steden.

   In het Westen werd dit alles weggehoond als het openlijke blijk van de socialistische onver-
schilligheid voor de wensen en dromen van het individu. En overal bespeurden de criticasters
de immanente zucht tot controle van het staatsapparaat. De brede straten, de open ruimten, de
identieke plattegronden, de collectieve voorzieningen werden door hen gelezen als podia waarop de partij zich kon manifesteren; massa was hier naar zijn oorspronkelijke betekenis gewoon
'deeg' dat in de bakvormen van de appartementen zijn gewenste vorm kon krijgen. Voor het
individu met zijn eigen geheime wegen was in deze eensluidende openheid geen plaats.

Terwijl de westerse honers hun blik star op het Oosten gericht hielden, draaiden achter hun
ruggen dezelfde kranen met eenzelfde opdracht. Op immense bouwplaatsen verrezen betonnen woonblokken die zich maar niet van elkaar wilden onderscheiden. Daartussen beefden
stakerige bomen waarvan de dunne kruinen zich in modderpoelen spiegelden. Brede wegen
ontsloten de blokken en hielden de utopische belofte van mobiliteit in. De kaarsrechte ra-
dialen tapten de horizon af die vlakbij in de verte glansde. Van een bochtige weg naar een
onvoorspelbaar avontuur was geen sprake, er waren alleen directe verbindingen naar vastge-

a novel called *Die Architekten* (1963/2000) portraying the architects' impossible tussle with the imposed ideology. The protagonist of the novel has disavowed his formalistic Bauhaus background and capitulated to the party line. As a prominent *Chefarchitekt*, he designs in the socialist realist idiom. This primarily entailed choosing the appropriate words to invest his buildings with meaning in accordance with the ideology. However, after Khrushchev's famous denunciation of Stalin in 1954, he finds his building style suddenly stigmatized as reactionary. The Stalinist style, a form of neoclassicism, was now out of favour. There was rather a pressing need for housing construction on a vast scale to satisfy the desperate shortage of working class accommodation. Building methods were rapidly becoming industrialized and high standards were demanded of labour productivity. Heym's architectural hero does his best to adapt to the new ideological climate and tries to use the new jargon to promote his old designs, though with little success. It is old wine in new bottles and the trick does not work. His designs, once heralded as textbook examples of the new socialist architecture, are gradually unmasked in the course of his downfall as transparent plagiarisms of the Nazi style. The architect defends himself by accusing his patrons of having poor taste and a dubious historical sense, and then expecting him to conform to it. 'Hypocrisy in stone', the architect complains in a moment of clarity. It would perhaps have been more accurate to identify his bugbear as ideological hypocrisy, with architecture as its (temporary) beast of burden.

Post-war urban design and city extensions are carriers of complex and sometimes contradictory meanings. In the countries of the former Eastern bloc, the optimistic rhetoric once fanned out like sparkling fireworks over the earliest socialist designs. Large housing blocks, then still larded with decorative ornaments, were called workers' palaces, housing that promised the true socialist happiness; wide axial roads such as the *Magistrales* sliced through the planned cities to make room for the triumphant march of the rapturous masses; huge public squares would be meeting places for young families. The new city was acclaimed as something heroic, the domicile of 'new man'. It was the supreme expression of the socialist experiment and at the same time an embodiment of the centrally planned economy. Roads, railways and transportation zones linked the city's location and street plan to life-giving industry, which was always nearby. The plan of the city and its districts, including their functions and green amenities, conformed to strict socialist planning principles. New cities, open and free, were flung into existence at unprecedented speed. The industrialization of the building process not only enabled the planners to continually raise the pace of output, but resulted in a widespread uniformity of the socialist dwellings, apartment blocks, districts and cities.

In the West, all this was disparaged as a blatant confirmation of the socialist indifference to the wishes and dreams of the individual. Fault-finders perceived signs everywhere of the controlling urge which was inherent to the state apparatus. They interpreted the broad avenues, wide open plazas, identical street plans and collective amenities as platforms on which the Party could parade itself; the masses were effectively reduced to the original meaning of the word, a kind of dough that could be moulded into the required shape in the uniform loaf tins of the apartments. There was no place in this standardized public realm for the individual and his own secret ways.

While the Western sneerers fixed their gaze on the East, the same cranes fulfilling the same tasks were in action behind their backs. Concrete-built blocks of flats, all practically indistinguishable, soared skywards on immense development sites. Spindly trees trembled between the blocks, their meagre crowns reflected in mud pools. Wide roads gave access to the blocks, holding out a utopian promise of

stelde doelen. Wervingsfolders prezen deze ultieme expressie van de vrije moderniteit. Lucht, ruimte en licht riepen de stedenbouwkundigen begeesterd en zij aanschouwden vol ontzag deze dageraad van het modernisme voor de massa. En in gedachten zagen zij hoe de nieuwe mens kwam aangelopen, gehuld in een roze mantel van wolken. Als een hedendaagse Christus wandelde hij over de tot bedaren gebrachte zee van huizenblokken, het wonder van zijn geboorte bewijzend. En in een wonderbaarlijke vermenigvuldiging was hij, dankzij Goed Wonen, overal identiek thuis te midden van zijn stralende vrouw en pastelkleurige kinderen.

In het Oostblok werd dit modernisme gehekeld als kapitalistisch functionalisme en de uitdrukkingsvorm van kleinburgerlijk consumentisme. De westerse mens was niet vrij, maar werd gemanipuleerd door het systeem dat hem als dieren in kleine voederhokken gevangen hield.

Durst (2003), de novelle van de jonge Duitse auteur Michael Kumpfmüller, is gebaseerd op een van die krantenberichten die als glossen in de marge van de dag gekrabbeld staan. In een onbestemde buitenwijk (Oost, West?) laat een jonge moeder haar kinderen alleen. Zij doet dat wel vaker, maar nu voor een langere tijd: zij gooit de sleutel van hun kamer in de wc en verlaat de flat. Zij zoekt een nieuw, voller leven en vrijheid voor zich zelf. Zij wil ergens aankomen, maar weet niet wat dat inhoudt. Een veertiental dagen lang leeft zij een vaag, gedepersonaliseerd consumptiebestaan. Ze scharrelt vreugdeloos met een vriend, bezoekt een bar, koopt eendagskleren, kijkt tv, loopt wat rond. Een zware hitte hangt verstikkend over de uniforme dagen en de straten. Als zij, talmend en in alles nog even ongearticuleerd, naar haar kinderen terugkeert, zijn die van dorst omgekomen. Niemand die ook maar iets in de gaten had.

Vanuit een bepaald perspectief laat de novelle zich lezen als een beklemmende variant op een van de vele suburb-drama's waarvan de oertekst luidt: in de moderne buitenwijken leiden de mensen hun verborgen bestaan. De brede verkeerswegen snijden de woonblokken van elkaar af, de gemeenschappelijke groenstroken worden niet gebruikt, de appartementen liggen donker en levenloos achter hun balkons en gaande galerijen, voetgangers haasten zich naar hun auto. Hier is geen plaats voor de ontmoeting of de compassie met de ander. Hier vlucht je in de lift naar je eigen leven op de tiende etage of je springt eruit. Het maakt niemand wat uit.

Boris Michailov fotografeerde vanaf de jaren zestig in Moskou de achterkant van de utopie. Ongenaakbaar, blind beton dat zich pas in close-ups differentieert in appartementen, interieurs van wrakhout, alcoholische lichamen in vette bedden, ouden van dagen met houtsprokkelkarretjes, smeltende sneeuw die de kleur van roest aanneemt, kinderen schommelend op een rubberen band, afgebroken bomen. Maar dan toch opeens in deze aaneenschakeling van desolaatheid: een flakkering van tedere hoop, van onbedreigde vreugde op het gezicht van een lachend kind, in het uitdagende gebaar waarmee een vrouw haar blouse omhoogtrekt. Dit is niet gepropageerd door de staat, het is er ondanks alles. 'Our apparatniks will continue making/ the usual squalid mess called History:/ all we can pray for is that artists,/ chefs and saints may still appear to blithe it.' (W.H. Auden)

De jonge Amerikaanse kunstenaar Sean Snyder fotografeerde in de jaren negentig in de Parijse *banlieues* de achterkant van het modernisme. Verrot beton, dichtgetimmerde ramen, verlaten balkons, uitgebrande appartementen, seriële façades zonder ziel. De droom van licht, lucht en ruimte was als een zeepbel uiteengespat. Het massamodernisme had in de broedkamers van de appartementen een sociaal gedrocht gekweekt dat schuimend door de straten trok. Niets en niemand ontziend brandschatte het de droom van stedenbouwkundigen, architecten, sociologen en stadsbestuurders. Zoals uit de optimistische eeuw van de Verlichting het monster van Frankenstein opstond, zo stapte uit de betonnen woonmachines van de twintigste eeuw een ander dan de langverbeide nieuwe mens.
De door de Koude Oorlog en andere retoriek bevooroordeelde bezoeker van Neustadt Hoyerswerda, de voorbeeldstad van de voormalige DDR, moet wel verbaasd zijn over de schoonheid

personal mobility. The radials ran in perfectly straight lines out to a far, gleaming horizon. There was no such thing as a twisting lane leading to an unexpected adventure, only direct connections to predefined destinations. The prospectuses lauded these developments as the ultimate expression of free modernity. Air, space and light, the planners cried rapturously and watched with bated breath as this modernism for the masses dawned before their eyes. And in their mind's eye they also saw modern man arriving, clad in a rose-tinted cloak of clouds. Like a contemporary Christ, he strolled over the oil-calmed sea of residential blocks, proving the miracle of his birth. And suddenly, through some equally miraculous process of multiplication, he was to be found everywhere, identically housed according to the gospel of Ideal Homes in the company of his lovely wife and pastel-coloured toddlers.

In the Eastern bloc, this vein of modernism was censured as capitalist functionalism and a manifestation of petty bourgeois consumerism. Western man was not at all free, but was manipulated by a system that kept him captive like a force-fed animal in a tiny cage.

Durst (Thirst, 2003), a novella by the young German author Michael Kumpfmüller, is based on a newspaper report of the kind that appears as a gloss in the margin of the day's events. A young mother in a nameless suburb (East, West?) abandons her children. It is not the first time she has done this, but now she will be away for longer. She has locked them in a room and flushed the key down the toilet. She longs for a new, more fulfilling life away from the depressing flat, an escape from her past. She is seeking something but does not know exactly what. For fourteen days she leads a hazy existence as a depersonalized consumer. She has a joyless flirtation with a friend, visits a bar, buys throw-away clothes, watches TV and walks aimlessly around. A suffocating heat wave bears down meanwhile on the indistinguishable days and the uniform streets. At last, hesitant and unarticulated as ever in her thoughts, she finds her way back to the flat

where the children lie dead of dehydration. There was nobody who had noticed anything amiss.

From a certain perspective, the novella can be read as a bleak variant on the countless suburban dramas whose subtext is always the invisibility and isolation of those who live on modern housing estates. Wide main roads sever the blocks of flats from one another, nobody ventures onto the scrawny communal lawns, the apartments lie dark and lifeless behind their balconies and galleries, and the few pedestrians visible in the street are always hurrying to their cars. There is no place here for an encounter with the Other or for commiseration with a neighbour. You dive into the lift to rejoin your own life on the tenth floor, or leap from the roof to escape it. Nobody cares.

Since the nineteen sixties, Boris Michailov has photographed the seamy side of the communist utopia in Moscow: inexorable, blind concrete which differentiates itself into apartments only in close-up, interiors made of driftwood, alcohol-soaked bodies on greasy beds, aged figures gleaning firewood on little handcarts, melting snow taking the colour of rust, children seesawing on a rubber tyre, trees broken at the trunk. Here and there amid this barrage of desolation a flicker of tender hope nonetheless appears – in a smile lighting up the face of a child, or in the provocative gesture of a woman pulling up her blouse. These are not the images propagated by the state, but they exist despite all. 'Our apparatniks will continue making / the usual squalid mess called history: / all we can pray for is that artists / chefs and saints may still appear to blithe it.' (W.H. Auden)

During the Nineties, the young American artist Sean Snyder photographed the unprepossessing side of modernism in the *banlieues* of Paris: crumbling concrete, boarded-up windows, abandoned balconies, burnt-out apartments and soulless serial facades. The dream of light, air and space had burst like a soap bubble. In the incubators of the apartments, mass modernism had nurtured a social

van deze stad. Deze eerste *Plattenbaustadt*, in de jaren vijftig gebouwd onder de rook van de bruinkoolfabrieken, is zonder meer aangenaam te noemen. Woonblokken van menselijke maat liggen gerieflijk in collectief groen, pleinen en semi-openbare binnenruimten zijn losjes met elkaar verbonden, de kruinen van grote bomen strijken langs daklijsten, aan de randen van de stad loopt het bos gemakkelijk de binnenruimten in, alsof het zich daar thuis voelt. Omdat de stad krimpt, worstelt het stadsbestuur met de vraag hoe het richting aan de toekomst van Hoyerswerda kan geven. Het heeft gekozen voor drastische transformatie: woonblokken worden afgetopt, ingezaagd en plattegronden vergroot. Gevels worden in eigentijdsvrolijke kleuren geschilderd en de wooncomplexen aan de stadsrand, daar waar het bos zich thuis voelt, moeten verdwijnen. Nog voor de geschiedenis heeft kunnen ademhalen, wordt ze alweer voortgedreven. Zonder oponthoud.

De stadsarchitect van Boekarest leidt de nieuwsgierige bezoeker niet graag rond in Titan. Hij vindt het lelijk en niet de moeite waard. De bouwverordeningen van Ceauşescu maakten het mogelijk dat deze wijk in de jaren zestig in no time uit de grond is gestampt. Het is een *Plattenbau*-wijk met ongeveer 70.000 woningen. De dichtheid is hoog: 100 woningen per hectare. De woningblokken zijn hoog en staan dicht tegen elkaar geperst rond een park met een blikkerend meer. Op westerse foto's zou het een toonbeeld van de oosterse verschrikking zijn. Een typisch voorbeeld van cynische en minachtende woningbouw. Maar het park klopt als het levendige hart van de wijk, en de sculpturale vorm van de wijk is indrukwekkend. En de waardering van de bewoners is groot: de vierkantemeterprijs is hoog in Titan en de mensen wonen er naar relatieve tevredenheid. Vooral ook omdat zij de woning na de val van Ceauşescu voor de prijs van een pakje sigaretten konden kopen. Zij vertellen maar al te graag over hun wijk die massief maar niet dwingend tegen de stad aanleunt.

Een eenvoudige zondagse wandeling door een van de jarenvijftigwijken in Nederland kan al tot een drastische herschrijving van de eigen gedachten leiden. Wie bereid is alle overgeleverde, gekleurde, elkaar tegensprekende verhalen en beelden los te laten en opnieuw probeert te kijken, weet niet meer wat hij ziet. Als Victor Hugo staat hij voor de taak die woorden/beelden te vinden en te ontraadselen waarmee hij zijn ervaringen betekenis kan geven. Anders gezegd: hij is ook als de tijdgenoot van Hugo die bij het aanbreken van de winter zijn planten terugsnoeit, pot en in de serre plaatst. Het glazen oponthoud voorkomt het winterse sterven en creëert de ideale omstandigheden om nieuw leven te verzamelen dat in een volgend seizoen tot een ongekende wasdom kan komen.

Kunstenaars isoleren in hun werk delen van een werkelijkheid die daardoor met andere ogen bekeken kan worden. Tegelijk worden de 'oude' betekenissen en talen waarmee die werkelijkheid betekenis gegeven is, voor uitsterven behoed. Maar ook kunnen de geïsoleerde delen geladen worden met nieuwe betekenissen die een onverwachte bloei aan inzichten met zich meebrengen. Het is aan de beschouwer deze complexe taal te willen verstaan om daarmee de oneindige kathedraal van de werkelijkheid steeds anders op te bouwen en te begrijpen.

monstrosity which strutted the streets frothing with frustration. Stopping at nothing, it ravaged the dream of urban planners, architects, sociologists and city fathers. Just as Frankenstein's monster rose from the optimistic century of the Enlightenment, a creature quite unlike long-heralded modern man had emerged from the machines-for-living of the twentieth century.

With the prejudicial influence of all the Cold War rhetoric, a Western visitor to Neustadt Hoyerswerda, the show city of the former German Democratic Republic, must feel some surprise at how beautiful the place actually is. This first *Plattenbau* city, built in the Fifties in the shadow of a huge brown coal processing works, is unreservedly a pleasant environment. Apartment blocks on a human scale are comfortably disposed amid communal greenery, public squares and semi-public courtyards are loosely linked together, the crowns of large trees brush the cornices, and, at the margins of the town, the forest quietly infiltrates the courtyards as though perfectly at home there. The population is currently in decline, so the local government is wrestling with the problem of setting a future direction for the development of Hoyerswerda. They have opted for a drastic transformation. Blocks of flats will lose their upper stories, their volumes will be cut into, and the individual apartments will be enlarged. The facades will be painted in cheerful contemporary colours, and at the town margins, where the forest intermingles with the housing complexes, buildings will be demolished. Before history has even had time to recover its breath, it is propelled forwards again. No delay is allowed.

The city architect of Bucharest is not keen to conduct curious visitors around the Titan zone. He thinks it is ugly and not worthy of attention. Ceauşescu's building regulations had made it possible to erect this district in no time at all during the Sixties. It is a *Plattenbau* development with approximately 70,000 homes. The density is high at 100 dwellings per hectare. The

apartment blocks are tall and crowd together around a park with a glistening lake. Western photos tend to portray it as a textbook example of the Eastern horrors, a typical instance of the regime's cynical contempt for the population. But the park works as the beating heart of the district, and sculptural form is impressive. The residents appreciate Titan highly. The square-metre price of apartments is high nowadays but the owner-occupiers are not unhappy about this – particularly since immediately after the fall of Ceauşescu they had been able to buy their own apartments for the price of a packet of cigarettes. The residents are eager enough to talk about their district, which nestles massively but not inimically against the old city.

A simple Sunday walk through one of the many Fifties housing estates in the Netherlands can prompt a drastic rewrite of ones own thoughts. If you are prepared to let go of all the contradictory stories and all the images that have been handed down, and try to see things anew, you will not believe your eyes. Like Victor Hugo, you face the task of finding and deciphering those words and images which will give meaning to your own experiences. In other words, you are like Hugo's contemporary who, as winter approaches, prunes his plants, repots them and places them in a greenhouse. The delay under glass allows them to survive the winter and creates ideal conditions for collecting new life, which can flourish as never before in the seasons ahead.

Artists work by isolating segments of reality which can then be seen through new eyes. At the same time, the 'old' symbols and languages used to impart meaning to reality are saved from extinction. But the isolated parts can also be charged with new meanings, which bring with them an unexpected bounty of insights. The viewer has to be willing to grasp this complex language, and thereby to continually rebuild and comprehend the infinite cathedral of reality in ever new ways.

★　★

MICHAËL ZEEMAN

VOREN VAN HET VERLEDEN
Over de duurzaamheid en de vruchtbaarheid van culturele grenzen

Oponthoud?
Wat nou oponthoud: dat zullen we nog wel eens even zien. Grenzen zijn er om
overschreden, misschien zelfs wel om opgeheven te worden: globalisering is de
heersende ideologie – en die heeft haast. Schotten weg, alles kan gaan vervloeien.

In het stadje Narva, een naargeestig oord in het uiterste noordoosten van Estland,
verbindt een lange, smalle brug beide oevers van de rivier de Narva met elkaar, de
Estlandse met de Russische. Vanaf de Estlandse oever, hoog boven de rivier, is er een
goed uitzicht op de bedrijvigheid en de druktemakerij die onontkoombaar met een
grensovergang verbonden zijn. Een voor een en met langdurige tussenpozen worden
aan weerszijden vrachtwagens doorgelaten, die vervolgens met ingehouden stoerheid
over de brug rijden. Papieren in orde bevonden, uitvoer van de lading geregeld en, dat
vooral, geen verstekelingen aan boord aangetroffen, traag op weg naar de volgende
controlepost: nu de invoer nog. Ze krijgen er iets statigs van en als er een schrijdende
variant van autorijden bestaat, dan wordt die door vrachtwagens in het niemandsland
tussen twee douaneposten beoefend.

De enkele personenwagen die mag doorrijden, krijgt meteen ongelooflijke haast. Het
is nog geen honderd meter, van Rusland naar Estland of omgekeerd, maar die honderd
meter moeten kennelijk zo snel mogelijk worden afgelegd. Met luid razende motoren
– stuk voor stuk vergeten van de twee naar de drie te schakelen – gieren ze de brug
over. Wachten aan de grens is in Centraal- en Oost-Europa nog een serieuze, afmattende
aangelegenheid; wie haar volbracht heeft, wil althans iets van zijn verloren tijd inhalen.

Wij, de frivole en zorgeloze kinderen van het Schengen-akkoord, zijn er niet meer
aan gewend. Telkens als we ermee worden lastiggevallen, komt er iets baldadigs over
ons, iets uitdagends ook. Voor iedere grensovergang in Centraal- en Oost-Europa staat
een kilometerslange file vrachtwagens en het eerste wat je wilt is die passeren, legaal of
illegaal, om de noord of om de zuid. Al na enkele minuten is het zelfs het enige wat je
die dag nog wilt bereiken. Knipperlichten aan, de linkerrijstrook op, tegen het verkeer in
en als er een tegenligger aankomt, die onverzettelijk dwingen uit te wijken, de berm in.

We zullen wel eens even laten zien wie hier een degelijk, Europees paspoort heeft.

Nooit ben je er trots op, hier ontleen je er voetstoots privileges aan.

Er gaat iets superieurs uit van het bezit van dat bordeauxrode boekje. In het in
tientallen jaren scepsis jegens de autoriteiten gegroeide onvermogen nog langer in
de rij te kunnen staan en geduldig urenlang meter voor meter naar de douane op te
schuiven en in de triomfantelijke zekerheid dat het passeren van die file effect zal
sorteren en in elk geval ongestraft zal blijven, openbaren zich de verhoudingen tussen
de West-Europeaan en de Oost-Europeaan.

Het gaat om een vorm van zelfverzekerdheid, die in laatste instantie niets anders
is dan een levensovertuiging gecontrasteerd met een andere, het geloof in de
betrouwbaarheid van de autoriteiten versus de wetenschap dat die er zijn om jou het
leven zuur te maken. De ene burger gokt erop dat de geüniformeerde employé van
de staat geen onberekenbare machtswellusteling is, de andere vreest in hoge mate
afhankelijk te zijn van diens grillen: dat is het verschil – en het verschil wordt ter
hoogte van de grens zichtbaar. Jupiter en de ossen, de gelijke rechten van het ene slag
varkens en de betere rechten van het andere.

Voor de Pools-Litouwse grensovergang waren indertijd verschillende rijstroken
gemaakt voor vrachtwagens, personenwagens en voor vips – of ze er nu, na 1 mei
2004, nog zijn, weet ik niet. Die buurten enigszins kennende, gok ik van wel:

MICHAËL ZEEMAN

FURROWS OF THE PAST
On the durability and fertility
of cultural borders

Delay?
There's no delay, is there? Borders are there
to be passed, perhaps even eliminated:
globalization is the ideology of the day
– and that ideology tolerates no delay. The
floodgates must be opened, so that all things
may flow mingled down.

In the little city of Narva, a dreary town
in the far northeastern corner of Estonia, a
long, narrow bridge spans the River Narva,
connecting the Estonian side with the Russian
side. From the Estonian shore, high above the
river, one has an excellent view of the hustle
and the bustle that inevitably accompany a
border crossing. One by one, at extremely
long intervals, trucks are let through from
either shore and come rolling across the bridge
with pent-up pugnacity. Papers examined,
export documents approved and, above all,
clean of all stowaways, they make their way
to the following guard post: now the import
clearance can begin. It lends them something
majestic: if there were a vehicular variant of
strutting, that would be what trucks do in that
no man's land between two customs posts.

The occasional passenger vehicle that trickles
through, on the other hand, suddenly finds
itself in a terrible hurry. It is less than one
hundred meters from Russia to Estonia, or
vice versa, yet that hundred meters apparently
must be crossed as quickly as possible. Motors
whining hysterically – all having forgotten
to make the shift from second gear up to third –
they come tearing across the bridge. In Central
and Eastern Europe, waiting at the border is a
serious and exhausting affair; those who have
passed through it live in the hope of winning
back at least a little of the time it has cost.

We, the frivolous and carefree children
of the Schengen agreement, have grown
unaccustomed to such delays. Whenever
they are forced upon us we are overcome by
something mischievous, and something defiant.
Lines of trucks stretching out for kilometers
wait at every border post in Central and
Eastern Europe, and the first thing that occurs
to us is to pass them, legally or illegally, come
hell or high water. After only a few minutes,
in fact, that becomes our sole objective for the
day. To put on the blinkers, pull out into that
left lane against the flow of traffic and, should
a car actually come from the other direction, to
summarily run it off the road.

We'll show them who's carrying the *real*
European passport around here.

Never something you've been proud of
before, here you suddenly give no second
thought to using it to obtain privileges.

There is a certain hauteur that goes with the
possession of one of those little Bordeaux-red
booklets. And it is in the inability to wait in line
a minute longer, to patiently advance towards
the border meter-by-meter, and in the gleeful
certainty that passing that line of cars will have
its desired effect, or in any event go unpunished,
that the relationship between the West European
and the East European is made manifest.

It has to do with a form of self-certainty
that is, in the long run, nothing but the
contrast between one basic worldview and
another, between faith in the reliability of the
authorities versus the knowledge that they are
there to make life difficult for you. One citizen
gambles on the hope that the uniformed
government employee is not an unpredictable
power freak, the other citizen is deathly
afraid of being at his mercy: therein lies the
difference – and that difference becomes
visible along the border. Jupiter and the oxen,
the equal rights of some pigs, and the more
equal ones of others.

Not so very long ago there were, at the
Polish-Lithuanian border, separate lanes for
trucks, passenger cars and VIPs: whether they
are still there today, after May 1, 2004, I have
no idea. Being somewhat familiar with that
region by now, however, I suspect they are:
adaptation, too, takes time, and history, when
seen in a certain light, is a process of sustained
delay.

ook aanpassing vergt tijd, de geschiedenis is, onder een bepaald licht bezien, een duurzaam oponthoud.

Na er ooit, nog niet eens zo gek lang geleden, tien minuten netjes op mijn plek achteraan in de rij personenwagens te hebben gestaan, werd de verleiding mij te machtig.

Allemaal Litouwse kentekenplaten voor me, met een enkele Let, Est of Wit-Rus ertussen. Het kon niet de bedoeling zijn dat ik daarop moest gaan wachten. Mijn auto stond in de oponthoudluwe beschaving geregistreerd en dat moest mogelijkheden scheppen: de aandrift is even onbehoorlijk als onweerstaanbaar.

Motor starten, uit de rij manoeuvreren en tergend langzaam optrekken in het vak voor de vips, de zelfverzekerdheid voorwendend van wie gelooft in de natuurlijke onschendbaarheid van zijn staatsburgerlijke rechten. Het recht om doorgelaten te worden, het recht om niet in de rij te hoeven staan, zijn er daar twee van en waarachtig niet de minste.

Ik had een Tsjechische jongen bij me, een lifter, die van plan was een wandeling rond de wereld te gaan maken en om te beginnen maar eens naar de eindeloze waterige vlakte van Noord-Siberië onderweg was. Zijn mond viel open van bewondering voor mijn stoutmoedigheid en ik stelde tevreden vast hoe hij hem langzaam maar zeker begon te knijpen voor de gevolgen daarvan. Het zweet brak hem uit, paniek trok matglas in zijn netvliezen: soldaat Schweijk en de kolonel.

Een leven lang in de rij gestaan, en dus een andere verhouding tot de *Behörden* dan ik.

De soldaat die voor hulpdouanier speelde allervriendelijkst al mijn documenten laten zien en in mijn meest komische Engels uitgelegd dat ik werkelijk geen tijd had voor deze flauwekul. Hij keek een poosje naar de handtekening van mijn hoofdredacteur op mijn perskaart, een volslagen overbodig document, dat in het Engels en het Nederlands gesteld is, twee talen die hij niet machtig bleek. Hij bekeek het vervolgens van voren en van achteren en besloot toen dat ik vermoedelijk een diplomaat was en dus het volste recht had op een vip-behandeling

De Tsjech was verbijsterd – en ik kon een zeker triomfalisme niet de baas. Een beter paspoort garandeert betere rechten, betere rechten verlenen je superioriteit en superioriteit leidt tot paternalisme: het is haast onvermijdelijk.

En het is weerzinwekkend.

Toen even later de bevoegde douanier aan de visa in het paspoort van de Tsjech begon te peuteren, popelde de jongen om mijn auto te verlaten en tekst en uitleg te gaan verschaffen.

'Nooit doen', doceerde ik. 'Altijd wachten tot je iets gevraagd wordt. Bureaucraten zijn er voor ons, wij zijn er niet voor hen.' De kinderachtigste Nederlandse minachting voor iedereen met een uniform aan, burgerlijke ongehoorzaamheid op polderniveau. Toen het trucje werkte en we binnen twintig minuten een grensovergang waren gepasseerd die een ander een halve dag kost, was zijn euforie niet meer te stelpen.

Oponthoud is een herinnering of wordt dat eerdaags. Het mooist waren de steekwagentjes waarop een spiegel geschroefd was. De douaniers reden die van voor en van achteren tegen de bumpers van je auto aan en stonden dan een hele tijd naar hun schoenen te koekeloeren, benieuwd of er iemand aan je geluiddemper of krukas hing. Ze zijn inmiddels op te vatten als een metafoor van het peinzende kijken uit de kunsten, het indirecte kijken. Ter hoogte van het douanekantoor bevonden zich bij nagenoeg alle grensovergangen in Centraal- en Oost-Europa bovendien langgerekte, open bakken in het wegdek, vergelijkbaar met de bakken die je vroeger wel in de werkplaatsen van autoreparateurs aantrof. Zoals de monteur erin afdaalde om de tectyllaag van je bodemplaat af te keuren, klauterde daar soms een douanebeambte in op zoek naar contrabande of verstekelingen.

Amusant, meer niet: het vermaak van de winnaar, de geprivilegieerde, de betweter. Ophouden werd onderhouden.

De schrijfcassette met stempels, kussens en inktpotjes, die de marechaussees in

One time, after having waited patiently at that border for at least ten minutes, in my little slot at the rear of the line of passenger cars, the temptation became too great to resist.

Before me I saw one Lithuanian license plate after another, with only the occasional Latvian, Estonian or White Russian exception among them. Certainly no one could expect me to wait for all that. My car was registered in a low-delay country, and that had to present at least a few openings: the urge itself is as unseemly as it is irresistible.

And so you start the engine, pull out of line and cruise with excruciating slowness up to the VIP parking bay, with the feigned self-confidence of one who believes in the natural inviolability of his civil rights. Definitely not the least of which are the right to pass and the right not to have to wait in line.

There was a young Czech fellow in the car with me, a hitchhiker who was planning to take a walk around the world and was on his way, for starters, to the endless sumpy plains of Northern Siberia. His mouth fell open in admiration for my audacity, and I was pleased to note that he was slowly but surely working himself into a dither about its consequences. Drops of sweat pearled on his forehead, his eyes began clouding with panic: the good soldier Schweijk and the colonel.

He had been standing in line all his life, and so had a different stance with regard to the *Behörden* than yours truly.

With a great show of joviality I displayed all my documents to the soldier who was acting as substitute customs official, and explained in my drollest English that I really had no time for all this nonsense. He stared pensively at the signature my editor had placed on my press card, a completely superfluous document that explained itself in Dutch and English; two languages of which, as it turned out, he knew not a word. He looked at the front of it, then at the back, then decided that I was probably a diplomat and therefore fully eligible for the VIP treatment.

My Czech hitchhiker was stunned – and I could not suppress a certain triumphalism. A better passport guarantees better rights, better

rights lend one superiority, and superiority leads to paternalism: it is almost inevitable.

And it is despicable.

A few minutes later the real customs official began fingering the visas in the Czech's passport, and the young fellow was dying to hop out of the car and explain everything.

'That's one thing you should never do,' I lectured. 'Always wait until they ask *you* a question. Bureaucrats are there for us, and *not* the other way around.' The most childish of Dutch disdain for anyone in uniform, civil disobedience from the foot of the dyke. But twenty minutes later, when the trick had worked and we had passed a border crossing that took other people half a day, his euphoria knew no bounds.

The delayed crossing is a thing of the past, or will be soon. The most wonderful of all its artifacts was the little hand truck with the mirror attached. The customs officials rolled it up against the bumpers of your car, front and back, and stood there for a long time goggling at their own shoes, hoping to see someone clinging to your muffler or crankshaft. By now, however, those devices can be seen as a metaphor for the contemplative view known to us from the arts, the indirect way of seeing. Across from the customs offices at almost every border crossing in Central and Eastern Europe there were also long, rectangular pits in the road, similar to what one used to see in the car mechanic's workshop. In the same way the grease monkey clambered down to inspect the deplorable state of your undercoating, so too a customs official would occasionally descend into the pit to look for contraband or stowaways.

Amusing, and nothing more than that: entertainment for the winner, the privileged, the know-it-all. The forced-delay-turned-farcical-play.

As a boy, I coveted – far more than the signaling disk, whistle and ticket punch already in my possession – the coffer full of stamps, inkpads and pots which the military police on trains in that other Europe wore on their Sam Browne belts, a collection of

de treinen van dat andere Europa aan een riem op hun borst droegen, een collectie hulpmiddelen waarmee zij je paspoort te lijf gingen, had ik als jongetje nog veel liever willen hebben dan het spiegelei, het fluitje en de kniptang, waarover ik wel beschikte. Maar behalve een staatsgrens bestaat er ook een speelgoedgrens, dus het zat er niet in. Die mannen, sombere mannen steevast, uitgezocht op hun vermogen achterdocht uit te stralen, bladerden eindeloos door je paspoort heen – en trokken dan hun stempels te voorschijn. Van het stevige deksel van hun doos klonken doffe plofgeluiden: goedgekeurd, zij het ook met tegenzin.

Allemaal verleden tijd; die kniptang van bij ons ook, trouwens.

Er komt een moment waarop je betreurt dat het IJzeren Gordijn is weggeschoven, opgerold en bij de handelaar in oude metalen terecht is gekomen, zoals er een moment komt waarop je treuren gaat over verdwenen speelgoed. De van afkomst Hongaarse schrijfster Zsuzsa Bánk – allang Duits geworden: haar ouders hadden haast, toen zij vluchtten – zong onlangs de blues over de billboards langs de invalswegen van Boedapest: die hoorden daar niet. Vooral dat de reclamekreten voor al die wereldwijd verkrijgbare artikelen in het Hongaars gesteld waren, had haar gestoord. Vrijheid is een groot goed, grenzen mogen wel weg, maar dit was niet de bedoeling.

Maar ze zijn allebei verdwenen, de schrijfcassette en de kniptang – en die billboards blijven er wel, evenzeer als de producten waarvoor ze aandacht vragen; het oponthoud, dat er nog steeds is, is een kwestie van tijd geworden.

En dat is precies wat een oponthoud is – en daardoor verdwijnt het.

Maar langzaam, goddank langzaam. En het is de vraag of er meer verdwijnt dan een feitelijk oponthoud, een kortstondig tijdverlies. Zou het, anders gezegd, wat worden met dat vervloeien, met die homogenisering?

Want de werkelijke grenzen lopen niet langs de stippellijnen op de autokaart, net zomin als ze ter hoogte van de prikkeldraadversperringen en de monteurskeldertjes werden aangetroffen. Het IJzeren Gordijn is opgerold, een paar honderd kilometer verder oostwaarts speuren de wachters andermaal met verrekijkers het niemandsland af, zoals aan de zuidkant van het nieuwe Europa de kustwacht naar de golven staat te turen. Ondertussen confereren wij, binnen de muren van het nieuw ontstane fort, over de homogeniteit van ons nieuwe continent. Als er niets meer is wat ons tegenhoudt, zo luidt de redenering, dan vloeit alles samen, tot een mengsel, tot een zelfde temperatuur.

Vergeet het maar: zelfs in de lucht boven ons hoofd zitten zakken, in het water van het meer koude en warme zones. Geen afscheiding te bekennen, vrij verkeer van moleculen en warmte-energie, wat nog een stuk verder gaat dan vrij verkeer van mensen, goederen en ideeën.

De belangrijkste grenzen zijn immers nooit staatsgrenzen, maar culturele grenzen – en die zijn net zo raadselachtig en net zo dwingend als het onvermogen van water om temperatuurverschillen uit te wisselen of de onwil van luchtlagen om tot een substantie te vervloeien. Geen conferentie, geen verdrag en geen verwijdering van prikkeldraad biedt er soelaas voor. De jenevergrens noch de koffiegrens, die door Noordwest- respectievelijk Oost-Europa en de Balkan lopen, zijn er het markante bewijs van. Misschien zijn, zo bezien, culinaire grenzen van nog wel grotere betrouwbaarheid dan culturele.

Want zoals de mechanica beheerst wordt door de wet van de traagheid, wordt de geschiedenis dat ook. Dat lijkt een kwestie van tijd, van techniek hooguit – maar dat is het niet. Wij leven onze geschiedenis, wij leven vanuit de sporen die ze trok, in materialen, in gewoonten, in taal en beleving. Regels kun je homogeen maken, prijzen harmoniseren en ze in dezelfde muntsoort laten afrekenen, maar met gewoonten en herinneringen lukt dat nimmer. Het oponthoud aan de grens, dat een kortstondige stagnatie in de eenwording is, is de uiterlijke manifestatie van iets dat dieper reikt. Toen douaniers nog wachtposten waren en grenzen frontlinies, waren het daarom de grensgebieden die bij uitstek verdacht waren. Daar botsten gewoonten, daar schuurden

appliances they used to assault your passport. But just as there are limits to national territories, there are also limits to the toys one can have; it was not to be. Those men, serious fellows all, recruited for their ability to radiate suspicion, leafed endlessly through your passport – then pulled out their stamps. Dull thumps rose from the sturdy lid of their little coffers: approved, albeit reluctantly.

Those are all relics of the past now; the ticket punch, too, at least in Holland.

There comes a time when you begin mourning the fact that the Iron Curtain has been drawn aside, rolled away and relegated to the scrap heap, just as at a certain point you start mourning for toys lost. The writer Zsuzsa Bánk – Hungarian by birth, but a longtime German citizen now: her parents fled in something of a hurry – recently sang the blues about the billboards that have popped up along the access roads into Budapest. She was particularly annoyed to note that the advertising slogans for all those globally marketed commodities were in Hungarian. Freedom is a wonderful thing, borders may be eliminated, but this was taking things too far.

The passport coffer and the ticket punch have disappeared – and those billboards have remained, as have the products to which they draw our attention; the delay, which is still around, is simply a matter of time.

And that is precisely what a delay is – and why it goes away.

But slowly, thank God, slowly. One wonders, in fact, whether more has disappeared than simply a factual delay, a passing loss of time. Or to put it differently: whether anything will ever come of that mingling, of that process of homogenization.

Because the true borders do not follow the dotted lines on the roadmap today any more than once lay amid the barbed-wire barriers and the mechanic's inspection pits. The Iron Curtain has been rolled aside, the guards with their binoculars now scan a no man's land a few hundred kilometers to the east, just as the coast guard along the southern border of this new Europe peers out across the waves. And meanwhile, within the walls of our newly built fortress, we discuss the homogeneity of our new continent. When nothing more gets in our way, or so the reasoning goes, everything will flow together, become a blend, assume the same temperature.

Well, forget it: even in the air above us there are pockets, there are cold and warm zones in the waters of our lakes. Not a dividing line in sight, only the free movement of molecules and thermal energy, which goes a great deal further than the free movement of persons, goods and ideas.

The most important borders, after all, are never national borders, but cultural ones – and they are every bit as mysterious and every bit as imperative as water's inability to transfer differences in temperature, or the atmospheric layers' loathing to blend into a single substance. No conference, no treaty and no removal of barbed wire can do anything about that. The Jenever Line and the Coffee Line, which run through Northwest and Eastern Europe and the Balkan, respectively, are conclusive evidence of that. When seen in this light, in fact, culinary borders may be even more reliable than cultural ones.

Because history, like mechanics, is ruled by the law of inertia. It would all seem to be a matter of time, or of technology at best – but that is not the case. We live our history, our lives take place in the ruts it has left behind, in materials, in customs, in language and perceptions. You can unify regulations, harmonize prices and have them paid in a single currency, but that does not work with customs and memories. The delay at the border, a momentary stasis in the process of unification, is the outward manifestation of something that goes much deeper. That is why, back when customs officials were still sentries and borders were front lines, the border areas were particularly suspect. Customs clashed there, realms of imagination rubbed and grated: on the witch maps of late-mediaeval Europe, it was the Alsace, Basque Country, Friuli, the land of the Sorbs and the Baltic where the vast majority of sightings were made. German collides with French, Italian with Slavic, Slavic with German – and then

verbeeldingswerelden lang elkaar: op de heksenkaart van het laatmiddeleeuwse
Europa zijn het de Elzas, Baskenland, Friuli, de streek waar de Sorben wonen en het
Balticum, waar veruit de meeste heksen werden gesignaleerd. Duits botst op Frans,
Italiaans op Slavisch, Slavisch op Germaans – en dus krijg je mot. Niet de mot van de
voortzetting van de politiek met andere middelen, de oorlog, maar die van de cultuur,
van de voorstellingen, de verschillende manieren van verbeelden.

En het is daarom dat bij de opheffing van staatsgrenzen de culturele grenzen zozeer
aan belang winnen; achter de schijn van de eenwording woekert de werkelijkheid van
het verschil. Het begrip 'oponthoud' verandert geleidelijk aan van een feitelijk in een
cultureel begrip, want alle cultuur is traag of ten minste een oefening in traagheid. En
dus vindt er een gedaanteverwisseling plaats zodra de slagbomen worden weggehaald.
We registreren niet meer vanwege een rij wachtenden, een loket en een stempel
in ons paspoort, dat we een grens overschrijden, we stellen het vast aan de hand
van onze belevingen, op grond van onze herinneringen en onze verwarringen. Het
schemergebied van de grensovergang verleent zijn geheimzinnigheid niet alleen aan de
heksen, ook aan de kunstenaars.

Want alles komt ergens vandaan, daar doet zelfs de globalisering niets aan af. Het is
tussen de universele aanspraken en de particuliere oorsprongen dat zich het idioom
van de kunst ophoudt. Als Maja Bajević, geboren in een land dat niet meer bestaat,
het vroegere Joegoslavië, in de videoperformance *Women at Work – Washing Up*
uit 2001 vrouwelijke vluchtelingen uit Srebrenica doeken met aanmoedigende
mededelingen van maarschalk Tito in vuil water laat wassen, wordt er in die
ogenschijnlijk hooguit enigszins geïroniseerde alledaagse handeling, de was doen,
zij het ook in vuil water, afgerekend met de geschiedenis. De kracht van het beeld
waarmee wij, Nederlanders, die ook zo onze onplezierige herinneringen hebben aan
het oord waar die vrouwen vandaan komen, geconfronteerd worden, schuilt in de
ongehoorde gelaagdheid en beladenheid van de handeling.

Weg optimisme, weg communisme: de aansporingen van weleer zijn even
overbodig geworden als het wasgoed vaal wordt. De vrouwen staan de was te doen,
maar in feite worden zij betrokken in een ritueel van afrekening, van afsluiting, een
afscheidsritueel. Op iedere andere plaats op aarde zou die procedure betekenisloos
zijn, al kun je je meteen varianten erop voorstellen die wel degelijk een vergelijkbare
beladenheid zouden krijgen. Maar dat is precies de betekenis van het 'alles komt
ergens vandaan': zoals het nu is, geldt het slechts daar, was het elders, dan moest het
aangepast worden. Het universeel toegankelijke en voorstelbare, de kunst, moet het
bij uitstek hebben van zijn individuele oorsprong. Ons kijken wordt een trage vorm van
verbeelding, haperend en tastend, juist omdat we zoveel tegelijk te doen hebben: we
moeten een aantal grenzen ineens overschrijden, de grens tussen heden en verleden,
de grens tussen het specifieke van de geschiedenis die we in het vuile water vaal
gemaakt zien worden en de universele herkenbaarheid daarvan. Directe instemming
– 'o ja, Joegoslavië, Tito *and all that*' – zou goedkoop zijn, al was het maar doordat de
afgelegde geschiedenis niet ondubbelzinnig is: juist in de 'successor-states' van het
voormalige Joegoslavië is de nostalgie aangaande die geschiedenis sterk.

En dat is niet verwonderlijk, want als er een gebied ter wereld is waar de
grenzeloosheid opgeheven is, ten gunste van harde en met kracht aangebrachte grenzen,
dan is het wel dat deel van de Balkan. Na Tito's dood is het oponthoud er met alle
macht weer ingevoerd, tussen Zagreb en Belgrado, tussen Sarajevo en Dubrovnik; wie
van Split naar Zagreb reist moet weer omrijden. Het opdringerige optimisme van het
communisme van weleer, uitgedrukt in de montere mededelingen die er voorheen op
plakkaten en gebouwen waren aangebracht, mag naïef aandoen, het zou een vergissing
zijn het louter als lompen van de geschiedenis af te doen. Met de transformatie, met de
afrekening zelfs, is ook iets verloren gegaan. De beladenheid van het beeld zit in zijn
specifieke karakter. Een alledaagse handeling wordt dan een complexe metafoor, maar

comes the clash. Not the clash of the extension of politics by other means, not the clash of war, but that of culture, of allegory, of various ways of imagining.

And that is why, with the lifting of national borders, the cultural borders have become so much more important; behind the semblance of unification lies the rampant reality of the differences. The concept of 'delay' is gradually transformed from a factual into a cultural concept, for all culture is slow, or at least an exercise in slowness. And so, as soon as the red-and-white striped traffic barriers are taken down, a metamorphosis takes place. We no longer register the fact that we are crossing a border by reason of a line of waiting vehicles, a customs desk or a stamp in our passport, but by reason of our perceptions, on the basis of our memories and our confusions. The shadowy zone where borders are crossed lends its mystery not only to witches, but also to artists.

Everything, after all, comes from somewhere; even globalization can do nothing about that. And it is in the hollow between universal claims and private origins that the idiom of art is found. In her 2001 video performance *Women at Work – Washing Up*, Maja Bajević – born in a country that no longer exists, the former Yugoslavia – shows us women refugees from Srebrenica washing banners bearing encouraging statements from Marshal Tito in dirty water. That daily activity of doing the laundry – even if it is in dirty water – with its apparent touch of irony, is in fact a settling of accounts with history. The power of the image with which we – as Dutch people, bearing our own unpleasant memories of the place where those women come from – are confronted is found in its unique layering of allusion, and in the emotional charge of the action being performed.

Goodbye optimism, goodbye Communism: the motors of the past have become as obsolete as the laundry is dingy. The women are doing the laundry, but are in fact involved in a ritual of reckoning, of closure, a ritual of parting. At any other spot on earth that same process would be devoid of meaning, although it is not hard for us to imagine variations on the theme that might carry a similar emotional charge. Yet that is precisely what is meant by 'everything comes from somewhere': the way things are now, it applies only there; had it happened elsewhere, it would have to be adapted. The universally accessible and imaginable – art – is a prime example of a thing entirely dependent on its specific, individual origins. Our looking at it becomes a slowed-down form of imagining, gropingly, falteringly, precisely because we must do so many things, all at the same time: we must cross a number of borders simultaneously – the border between past and present, the border between the specificity of the history we see being sullied in dirty water, and its universal recognizability. To assent immediately – 'oh yes, Yugoslavia, Tito and all that' – would be trite, if only because the history born witness to here is not unambiguous: it is, after all, precisely in the successor-states of former Yugoslavia that the nostalgia regarding that history is particularly outspoken.

That should come as no surprise. If there is any spot on earth where the concept of open borders has been done away with in favor of rigid and strictly enforced boundaries, it is in that part of the Balkan. After Tito's death the forced wait at the border has been zealously reintroduced, between Zagreb and Belgrade, between Sarajevo and Dubrovnik; anyone wishing to drive from Split to Zagreb today is forced to make a wide detour. The importunate Communist optimism of yesteryear, expressed in the lively mottos once seen on buildings and placards, may seem naïve, yet it would be a mistake to dismiss it as the rags and bones of history. For, with the transformation, even with the settling of accounts, something has gone missing as well. The emotional charge of Bajević's image lies in its specific character. A workaday action becomes a complex metaphor, but at the same time a metaphor possessed of an eloquence to which no historian or commentator can actually aspire.

It lies in the actions, it lies in the materials, both of which bear the marks of a former meaning and function and, from that, derive

tegelijkertijd ook een metafoor met een zeggingskracht waar geen geschiedschrijver of commentator tegenop kan.

Het zit in handelingen, het zit in materialen, beide dragen ze de sporen van hun vroegere betekenis en functie en ontlenen hun betekenis daaraan; 'gelaagdheid' kan dan niet letterlijk genoeg worden genomen. Dat is gemakkelijk in te zien, door in herinnering te roepen hoe een kiene ondernemer in het zuiden van Letland een beeldenpark heeft ingericht met de monumentale sculpturen van het vroegere communisme. Marx, Lenin, Stalin – de triomfantelijke reliëfs van de vooruitgang en de overwinning van het communisme, ze staan er allemaal bijeengebracht langs een bospad, ja, er is zelfs een wachttoren van een voormalig gevangenenkamp en een treinwagon waarmee indertijd de wederspannigen zijn afgevoerd. De stichter van het park heeft ze een voor een van de vuilstort of de sloop gered en ze samengevoegd tot een nostalgisch themapark. Hun betekenis blijft daar echter letterlijk en dus eenzijdig, ze vormen de relictenverzameling die ieder tijdvak oplevert en ze kunnen hooguit lichte verbazing of sentimentele herinnering wekken.

Ze leveren, anders gezegd, geen enkele ervaring van een grens op, van spanning, van traagheid: ze zijn wat ze zijn, wat ze waren doet er niet meer toe. Logge aanspoelsels van de geschiedenis, meer niet.

Om een grens te kennen, moet je beide kanten van die grens verkennen, zei de grote filosoof. Pas wie die grens oversteekt leert er de betekenis van kennen – pas wie zich laat dwingen tot de vertraging waarmee die onderneming gepaard gaat, tot de noodzaak in te zien dat hij van het een in het ander stapt, ervaart de passage. Dat kan zowel letterlijk worden opgevat, als metaforisch, ongeveer zoals alleen een zelfbeeld van degenen die binnen de grenzen wonen die grenzen kan rechtvaardigen, zoals het in onze huidige visie ook de kunstenaar is die de kunst van haar etiket voorziet.

Europa is een cultureel gegeven, geen economisch of bestuurlijk: ik word niet moe het te beklemtonen. Alle beknopte definities ervan zijn lachwekkend in hun aanvechtbaarheid, maar toch heeft het pas betekenis wanneer er in culturele termen over gesproken wordt. Economie en bureaucratie hebben zich ervoor beijverd de feitelijke grenzen, de staatsgrenzen, en de gewelddadige verdediging of wijziging daarvan uit te bannen. Nu dat project min of meer gestalte heeft gekregen in grote delen van het continent, worden de culturele grenzen pas zichtbaar én interessant, de breukvlakken, de scheidslijnen, de voren van de geschiedenis.

*

*

★

their meaning; in this context, 'layering' cannot be taken literally enough. That can easily be illustrated by calling to mind the entrepreneur in southern Latvia who has set up a statuary garden, using the monumental sculptures of the old Communism. Marx, Lenin, Stalin, the triumphal bas-reliefs showing the progress and victory of Communism, they all stand along the woodland path; yes, there is even a guard tower from a former prison camp, and a boxcar in which the dissidents were once carted off. The park's founder saved each and every one of these objects from the dump or from impending demolition, and brought them together to form a nostalgic theme park. Their significance there, however, remains a literal one, and therefore one-sided; they constitute the collection of relics generated by every age, and can do little more than elicit mild amazement or sentimental memories.

They generate, in other words, no sense whatsoever of a boundary, of tension, of inertia: they are what they are, what they *were* no longer matters. The ponderous flotsam of history, and no more than that.

To recognize a border line you must know both sides of it, the great philosopher once said. Only he who crosses the border learns its significance – only he who lets himself be forced into the delay which goes along with such an enterprise, into the necessity of realizing that he is stepping from one thing into another, truly experiences the passage. That can be taken both literally and metaphorically, in more or less the same way only a self-image on the part of those who live within the borders can justify those borders, or in the way our contemporary view holds that it is the artist who labels art as such.

Europe is a cultural factor, not an economic or administrative one. All abridged definitions of it are ridiculous in their disputability, yet it is only when we speak of it in terms of culture that any meaning at all can be found. Economy and bureaucracy have done their utmost to eliminate the actual borders, the national borders, and their violent defense or alteration. And it is now, now that this project has taken on some real form across large parts of the continent, that the cultural borders, the fault lines, the dividing lines, the furrows of history, become both visible and significant.

★

MAJA BAJEVIĆ (Sarajevo, Bosnië-Herzegovina, 1967) woont en werkt in Parijs en Sarajevo. Zij studeerde aan de Academy of Fine Arts, Sarajevo, en aan de Ecole nationale supérieure des beaux-arts in Paris. Haar werk werd getoond in solotentoonstellingen in Plug in, Bazel (2002); Viafarini, Milaan (2002); P.S.1, New York (2004); Museum of Modern Art, Belgrado (2004), en in groepstentoonstellingen als 'Manifesta 3', Ljubljana (2000); '7th International Istanbul Biennial', Istanboel (2001); '50e Biennale van Venetië' (2003); 'New Video, New Europe', The Renaissance Society, Chicago (2004).

LEX TER BRAAK (Bussum, 1950) is directeur van het Fonds voor beeldende kunsten, vormgeving en bouwkunst en schrijft over beeldende kunst. Hij was directeur van De Vleeshal in Middelburg en freelance curator.

PAVEL BRĂILA (Chisinau, Moldavië, 1971) woont en werkt in Maastricht, Brussel en Chisinau. Hij studeerde aan de universiteit van Chisinau en aan de Jan van Eyck Academie in Maastricht. Zijn werk werd gepresenteerd in solotentoonstellingen als 'Gedankenaufnahme', Kunstbüro, Wenen (2001); 'Performance white, or pale unfinished thoughts', Kunstbüro, Wenen (2003); AB Road, Parijs (2004), en in groepstentoonstellingen in Moderna Museet, Stockholm (1999); Nouvelles Images, Den Haag (2002); 'Documenta 11', Kassel (2002); Museo Nacional Centro de Arte Reina Sofia, Madrid (2003) en Renaissance Society, Chicago (2004).

FREEK DRENT (Enkhuizen, 1959) woont en werkt in Rotterdam. Hij studeerde aan de Academie van Beeldende Kunsten, Rotterdam. Als lid van het collectief Expohenk werkte hij aan verschillende installaties, waaronder 'Bar' (Groninger Museum), 'Automobiel', 'Interieur' en 'Boot' (Kunsthal Rotterdam). Sinds 1990 verblijft hij regelmatig in Oost-Europa, met name in Roemenië, waar hij onder andere documenteert, fotografeert en later filmt. Samen met Stella van Voorst van Beest ontwikkelde hij onder meer de projecten *Zwaarmoedig speelgoed* (1999) en *Flattenwijken* (2000-2001).

RODERICK HIETBRINK (Gorssel, 1975) woont en werkt in Rotterdam en Berlijn. Hij studeerde aan de Akademie voor Kunst en Vormgeving St. Joost in Breda en volgde zijn postacademische opleiding aan het Piet Zwart Institute in Rotterdam. Zijn werk is gepresenteerd in solo- en groepstentoonstellingen, waaronder: 'Verre Visies', W139, Amsterdam (2000); 'Parallax', TENT., Rotterdam (2002); 'Waves', stadscentrum Breda (2003); 'Tremor', Künstbunker Tumulka, München (2003); 'Corner Corone', Künstlerhaus Bethanien, Berlijn (2004).

JUUL HONDIUS (Enschede, 1970) woont en werkt in Amsterdam. Hondius studeerde aan de Koninklijke Academie van Beeldende Kunsten in Den Haag en aan de Karlov University-Famu in Praag. Zijn werk werd getoond in solotentoonstellingen in Galerie Akinci, Amsterdam (2003); Quarantine Series, Amsterdam (2004), en in groepstentoonstellingen in W139, Amsterdam (1999); Musée des Beaux-Arts, Nantes (2002); Huis Marseille, Amsterdam (2002); Stedelijk Museum, Amsterdam (2002) en Nederlands Architectuurinstituut, Rotterdam (2003).

CARLA KLEIN (Zwolle, 1970) woont en werkt in Rotterdam. Klein studeerde aan de Koninklijke Academie van Beeldende Kunsten in Den Haag en aan de Rijksakademie van beeldende kunsten, Amsterdam. Haar werk werd gepresenteerd in solotentoonstellingen in Buro Empty, Amsterdam (1998); Bonakdar Jancou Gallery, New York (2000); Tanya Bonakdar Gallery, New York (2000, 2003); Annet Gelink Gallery, Amsterdam (2002, 2004) en in groepstentoonstellingen in Paleis op de Dam, Amsterdam (1995); Bonnefantenmuseum, Maastricht (1996); Gemeentemuseum, Den Haag (1996); W139, Amsterdam (1997); Witte de With, Rotterdam (1997); Stadsgalerij Heerlen, Heerlen (1998, 2003); MUHKA, Antwerpen (1999); Artist Space, New York (2002); Victoria Miro, Londen (2003).

PREDRAG PAJDIĆ (Slavonski Brod, Kroatië 1965) woont en werkt in Londen. In 1994 rondde hij zijn studie af aan Central St. Martins College of Art and Design in Londen. Zijn werken zijn gepresenteerd in solo- en groepstentoonstellingen, 'To Whom it may Concern', nn foundation for contemporary art, Rotterdam (2004); 'Terrorvision', Exit Art, New York (2004); 'Memory', Salina Art Center, Salina (2004); 'Garden', Castle Vault, Southampton (2004); 'Blackout', Salon of the Museum of Contemporary Art, Belgrado (2003); 'Private & Confidential', Catto Contemporary Art, Londen (2003); and 'Sinners, Saints & Lovers', ArtLink, New York (2001).

ANRI SALA (Tirana, Albanië 1974) woont en werkt in Parijs. Sala studeerde aan de Kunstakademie, Tirana, de Ecole Nationale des Arts Decoratifs, Parijs en in Le Fresnoy, Studio National des Arts Contemporains, Tourcoing. Zijn werk werd gepresenteerd in solotentoonstellingen in het Dallas Museum of Art (2002); Kunsthalle, Wenen (2003); Galerie Johnen + Schöttle, Keulen (2003); Deichtorhallen, Hamburg (2004); en in groepstentoonstellingen als 'Manifesta 3', Ljubljana (2000); Kunstverein Hamburg (2002); Museo de Arte Contemporanea, Vigo (2002); De Appel, Amsterdam (2002); '8th International Istanbul Biennial', Istanboel (2003); '50e Biennale van Venetië' (2003); Palais de Tokyo, Parijs (2003).

WILMA SÜTÖ (Tilburg, 1965) woont en werkt in Rotterdam. Zij studeerde af aan de Academie voor de Journalistiek in Tilburg en aan de Rijksuniversiteit Groningen als kunsthistoricus. Daarna werkte zij onder meer als criticus bij *de Volkskrant*. Vanaf 1999 is zij conservator van de Stadscollectie Rotterdam bij Museum Boijmans Van Beuningen. Hier organiseerde zij de tentoonstellingen 'Exorcisme/Esthetisch Terrorisme' (2000); 'Dré Wapenaar' (2001); 'Dwight Marica' (2002); 'Weke Delen' (2002); 'Shine' (2003); 'Charlotte Schleiffert' (2004), waarbij ook publicaties verschenen.

STELLA VAN VOORST VAN BEEST (Rotterdam, 1963) woont en werkt in Rotterdam. Zij studeerde aan de Nederlandse Film en Televisie Academie in Amsterdam, specialisatie in documentaire regie/scenario en montage. Zij regisseerde meerdere films en video's, waaronder *Twee Heren die het Leven Ernstig Nemen* (1992); *Hoek van Holland-Moskou* (1993); *De Paraplufabriek* (i.s.m. Freek Drent, 1998); *Flattenwijken* (i.s.m. Freek Drent, 2000); *'t wordt toch niks* (2000) en *Als Buurman zingt* (2002). Samen met Freek Drent ontwikkelde zij onder andere de projecten *Zwaarmoedig Speelgoed* (1999) en *Flattenwijken* (2000-2001).

MICHAËL ZEEMAN (Marken, 1958) is dichter, essayist, journalist en programmamaker. Hij publiceerde enkele dichtbundels, een verhalenbundel en talloze essays. In 2002 werd hij onderscheiden met de Gouden Ganzenveer voor zijn verdiensten voor de Nederlandse cultuur. In datzelfde jaar vestigde hij zich in Rome, van waaruit hij voor *de Volkskrant* schrijft over Italië en Europese cultuur en politiek. Acht jaar lang maakte hij voor de publieke omroep een maandelijks programma over internationale literatuur. Najaar 2004 verschijnt van zijn hand *Het Fluwelen Gordijn*.

<u>MAJA BAJEVIĆ</u> (Sarajevo, Bosnia-Herzogovina, 1967) lives and works in Paris and Sarajevo. She studied at the Academy of Fine Arts, Sarajevo, and at the Ecole nationale supérieure des beaux-arts in Paris. Her work has been on show at solo exhibitions at Plug in, Basle (2002); Viafarini, Milan (2002); P.S.1, New York (2004); Museum of Modern Art, Belgrade (2004) and in group exhibitions including 'Manifesta 3', Ljubljana (2000); '7th International Istanbul Biennial', Istanbul (2001); '50th Biennial of Venice' (2003); 'New Video, New Europe'; The Renaissance Society, Chicago (2004).

<u>LEX TER BRAAK</u> (Bussum, the Netherlands, 1950) is the director of the Netherlands Foundation for Visual Arts, Design and Architecture and writes on visual art topics. Formerly he was the director of De Vleeshal in Middelburg and a freelance curator.

<u>PAVEL BRĂILA</u> (Chisinau, Moldavia, 1971) lives and works in Maastricht, Brussels and Chisinau. He studied at the University of Chisinau and at the Jan van Eyck Academy in Maastricht. His work has been presented in solo exhibitions such as 'Gedankenaufnahme', Kunstbüro, Vienna (2001); 'Performance white, or pale unfinished thoughts', Kunstbüro, Vienna (2003); AB Road, Paris (2004) and in group exhibitions in Moderna Museet, Stockholm (1999); Nouvelles Images, The Hague (2002); 'Documenta 11', Kassel (2002); Museo Nacional Centro de Arte Reina Sofia, Madrid (2003) and The Renaissance Society, Chicago (2004).

<u>FREEK DRENT</u> (Enkhuizen, the Netherlands, 1959) lives and works in Rotterdam. He studied at the Academie van Beeldende Kunsten, Rotterdam. As a member of the Expohenk collective, he worked on various installations, including 'Bar' (Groninger Museum), 'Automobiel', 'Interieur' and 'Boot' (Kunsthal Rotterdam). Since 1990 he has regularly spent time in Eastern Europe, Romania in particular, where he has made documentaries, photographs and films. With Stella van Voorst van Beest he drew up projects including *Toys of gloom* (1999) and *Building blocks* (2000-2001).

<u>RODERICK HIETBRINK</u> (Gorssel, the Netherlands, 1975) lives and works in Rotterdam and Berlin. He studied at the Akademie voor Kunst en Vormgeving St. Joost in Breda and pursued his post-graduate studies at the Piet Zwart Institute in Rotterdam. His work has been shown in solo and group exhibitions, including 'Verre Visies', W139, Amsterdam (2000); 'Parallax', TENT., Rotterdam (2002); 'Waves', Breda city centre (2003); 'Tremor', Kunstbunker Tumulka, Munich (2003); 'Corner Corone', Künstlerhaus Bethanien, Berlin (2004).

<u>JUUL HONDIUS</u> (Enschede, the Netherlands, 1970) lives and works in Amsterdam. He studied at the Koninklijke Academie van Beeldende Kunsten, The Hague and Karlov University-Famu in Prague. His work has been displayed at solo exhibitions in Galerie Akinci, Amsterdam (2003) and Quarantine Series, Amsterdam (2004) and in group exhibitions in W139, Amsterdam (1999); Musée des Beaux-Arts, Nantes (2002); Huis Marseille, Amsterdam (2002); Stedelijk Museum, Amsterdam (2002) and Netherlands Architecture Institute, Rotterdam (2003).

<u>CARLA KLEIN</u> (Zwolle, the Netherlands, 1970) lives and works in Rotterdam. Klein studied at the Koninklijke Academie van Beeldende Kunsten in The Hague and the Rijksakademie van beeldende kunsten, Amsterdam. Her work has been presented in solo exhibitions at Buro Empty, Amsterdam (1998); Bonakdar Jancou Gallery, New York (2000); Tanya Bonakdar Gallery, New York (2000, 2003); Annet Gelink Gallery, Amsterdam (2002, 2004) and in group exhibitions in the Royal Palace in Dam Square, Amsterdam (1995); Bonnefantenmuseum, Maastricht (1996); Gemeentemuseum, The Hague (1996); W139, Amsterdam (1997); Witte de With, Rotterdam (1997); Stadsgalerij Heerlen, Heerlen (1998, 2003); MUHKA, Antwerp (1999); Artist Space, New York (2002); Victoria Miro, London (2003).

<u>PREDRAG PAJDIĆ</u> (Slavonski Brod, Croatia, 1965) lives and works in London. In 1994 he completed his studies at Central St. Martins College of Art and Design in London. His work has been shown in various solo and group exhibitions, including 'To whom it may Concern', nn foundation for contemporary art, Rotterdam (2004); 'Terrorvision', Exit Art, New York (2004); 'Memory', Salina Art Center, Salina (2004); 'Garden', Castle Vault, Southampton (2004); 'Blackout', Salon of the Museum of Contemporary Art, Belgrade (2003); 'Private and Confidential', Catto Contemporary Art, London (2003) and 'Sinners, Saints & Lovers', ArtLink, New York (2001).

<u>ANRI SALA</u> (Tirana, Albania, 1974) lives and works in Paris. He studied at the National Academy of Arts, Tirana, the Ecole Nationale des Arts Decoratifs, Paris and at Le Fresnoy - Studio National des Arts Contemporains, Tourcoing. His work has been presented in solo exhibitions at the Dallas Museum of Art (2002); Kunsthalle, Vienna (2003); Galerie Johnen + Schöttle, Cologne (2003); Deichtorhallen, Hamburg (2004); group exhibitions include 'Manifesta 3', Ljubljana (2000); Kunstverein Hamburg (2002); Museo de Arte Contemporanea, Vigo (2002); De Appel, Amsterdam (2002); '8th International Istanbul Biennale' (2003); '50th Venice Biennale', Venice (2003); Palais de Tokyo, Paris (2003).

<u>WILMA SÜTÖ</u> (Tilburg, the Netherlands, 1965) lives and works in Rotterdam. In 1984 she completed her studies at the Academie voor Journalistiek in Tilburg; in 1991 at the Rijksuniversiteit Groningen (art history). After graduation, she worked as a critic with *de Volkskrant* newspaper. Since 1999 she has been the curator of the Rotterdam City Collection at Museum Boijmans Van Beuningen. In that capacity she has organized the exhibitions 'Exorcism/Aesthetic Terrorism' (2000); 'Dré Wapenaar' (2001); 'Dwight Marica' (2002); 'Soft Spots' (2002); 'Shine' (2003); 'Charlotte Schleiffert' (2004) which were accompanied by publications.

<u>STELLA VAN VOORST VAN BEEST</u> (Rotterdam, the Netherlands, 1963) lives and works in Rotterdam. She studied at the Nederlandse Film en Televisie Academie in Amsterdam, specializing in documentary direction/scenario and montage. She has directed various films and videos, including *Twee Heren die het Leven Ernstig Nemen* (1992); *Hoek van Holland-Moskou* (1993); *De Paraplufabriek* (together with Freek Drent, 1998); *Flattenwijken* (with Freek Drent, 2000); *'t wordt toch niks* (2000) and *Als Buurman zingt* (2002). She and Freek Drent she drew up projects including *Toys of gloom* (1999) and *Building blocks* (2000-2001).

<u>MICHAËL ZEEMAN</u> (Marken, the Netherlands, 1958) is a poet, essayist, journalist and programme maker. He has published several collections of poems, a collection of short stories and countless essays. In 2002 he was awarded the Gouden Ganzenveer for his services to Dutch culture. In that year he moved to Rome, from where he writes for *de Volkskrant* newspaper on Italy and on European culture and politics. For eight years he made a monthly programme on international literature for Dutch television. In the autumn of 2004 his book *Het Fluwelen Gordijn* will be published.

Deze publicatie verschijnt bij de tentoonstelling Oponthoud.
Kunstenaars op de grens van het oude en het nieuwe Europa,
gehouden van 28 augustus tot 7 november 2004 in Museum
Boijmans Van Beuningen Rotterdam. This publication coincides
with the exhibition Delay, Artists on the border between old
and new Europe, held from August 28 till November 7, 2004 at
Museum Boijmans Van Beuningen Rotterdam.

TENTOONSTELLING EXHIBITION
Samenstelling Concept: Wilma Sütö

BRUIKLEENGEVERS LENDERS
De kunstenaars the artists; Galerie Akinci, Amsterdam; Artopia,
Milaan; Galerie Judin Belot, Zürich; Tanya Bonakdar Gallery, New
York; Centraal Museum, Utrecht; nn foundation for contemporary
art, Rotterdam

MET DANK AAN WE WOULD LIKE TO THANK
De kunstenaars the artists; De bruikleengevers the lenders; Annet
Gelink, Gelink Galerie Amsterdam; Christel Vesters, nn foundation
for contemporary art, Rotterdam; Tan Morben, Galerie Johnen-
Schöttle, Keulen/Cologne

CATALOGUS CATALOGUE
Samenstelling Concept: Wilma Sütö
Ontwerp Design: 75B, Rotterdam
Redactie Editing: Els Brinkman
Vertalingen Nederlands-Engels Translations Dutch-English:
Sam Garrett (Michaël Zeeman); Victor Joseph (Lex ter Braak);
Wendy van Os (Sjarel Ex, Wilma Sütö)

FOTOGRAFIE PHOTOGRAPHY:
Hans Wilschut (p. 40, 42), Bob Goedewaagen (p. 38)

Druk Printing: Drukkerij Die Keure, Brugge/Bruges
Binder Binding: Catherine press, Brugge/Bruges
Papier Paper: Munken Lynx, 130 grs
Productie Production: Barbera van Kooij – NAi Uitgevers/Publishers
Uitgever Publisher: Museum Boijmans Van Beuningen
Rotterdam/NAi Uitgevers/Publishers

BIJZONDERE BEGUNSTIGERS VAN MUSEUM BOIJMANS VAN
BEUNINGEN CORPORATE MEMBERS OF THE BOIJMANS
VAN BEUNINGEN MUSEUM
ABN AMRO
CALDIC
Imtech N.V.
DURA VERMEER GROEP N.V.
Aon Groep Nederland bv
Koninklijke Nedlloyd N.V.
Unilever
Loyens & Loeff
Koninklijke Vopak N.V.
Fortis Bank
Ernst & Young
NautaDutilh
Siemens Nederland N.V.
Bakker Beheer Barendrecht BV
Nationale Nederlanden
Van der Vorm Vastgoed B.V.
HAL Investments B.V.
KPMG Accountants
Stichting Organisatie van Effectenhandelaren te Rotterdam
Nidera Handelscompagnie b.v.
KOEN VISSER GROEP
Stad Rotterdam Verzekeringen
Gebrs. Coster Beheer B.V.
Gemeente Rotterdam, Afdeling Externe Betrekkingen
De Brauw Blackstone Westbroek
Rendra
Baris Group
SV Projektinrichters
Van der Linde Party Productions
Van Zon Consultancy
Thony en Melanie Ruys

NAi Uitgevers is een internationaal georiënteerde uitgever,
gespecialiseerd in het ontwikkelen, produceren en distribueren
van boeken over architectuur, beeldende kunst en verwante
disciplines. NAi Publishers is an internationally orientated
publisher specialized in developing, producing and distributing
books on architecture, visual arts and related disciplines.
www.naipublishers.nl info@naipublishers.nl

Available in North, South and Central America through D.A.P./
Distributed Art Publishers Inc, 155 Sixth Avenue 2nd Floor, New
York, NY 10013-1507, tel +1 212 627 1999, fax +1 212 627
9484, dap@dapinc.com

Available in the United Kingdom and Ireland through Art Data, 12
Bell Industrial Estate, 50 Cunnington Street, London W4 5HB, tel
+44 208 747 1061, fax +44 208 742 2319, orders@artdata.co.uk

Printed and bound in Belgium

ISBN 90-5662-399-0

De tentoonstelling kwam mede tot stand dankzij een bijdrage van
The exhibition was made possible, in part, by
European Cultural Foundation

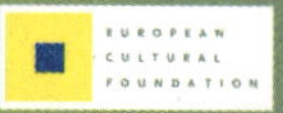